# DEDICATÓRIA

*Dedico este livro a*

---

*A umbanda é um encontro de forças diversas, em que cada entidade carrega uma sabedoria única. Caboclos, Pretos-Velhos, Erês e tantas outras presenças espirituais se manifestam para nos guiar, proteger e ensinar. Em cada canto do terreiro há uma energia ancestral que desperta, nos lembrando da importância da cura, do amor e da ética.*
*A diversidade das entidades é o que torna a umbanda tão rica e bela. Cada guia tem sua missão, seu modo de agir e suas lições, trazendo luz aos caminhos que percorremos. Que este livro, ao chegar às suas mãos, seja uma oportunidade de conexão com essas forças espirituais, e que a beleza dessa ancestralidade viva e dinâmica inspire seu caminho e sua fé.*

# ENTIDADES DA UMBANDA

**ENTIDADES DA UMBANDA**



2ª edição: Maio 2025



**AUTOR:**
Rodrigo Queiroz

**PREPARAÇÃO:**
3GB Consulting

**REVISÃO:**
Debora Capella

**PROJETO GRÁFICO:**
Jéssica Wendy

**CAPA:**
Nicia Monteiro

**DADOS INTERNACIONAIS DE CATALOGAÇÃO NA PUBLICAÇÃO (CIP)**

Queiroz, Rodrigo
Entidades da umbanda : segredos revelados das forças ancestrais / Rodrigo Queiroz. — Porto Alegre : Citadel, 2024.
368 p.

ISBN 978-65-5047-540-6

1. Umbanda 2. Religiões africanas – Brasil 3. África – Cultura
I. Título

24-5455 CDD 299

Angélica Ilacqua - Bibliotecária - CRB-8/7057

**Produção editorial e distribuição:**

CITADEL Grupo Editorial
contato@citadel.com.br
www.citadel.com.br

RODRIGO QUEIROZ

# ENTIDADES DA UMBANDA

## SEGREDOS REVELADOS DAS FORÇAS ANCESTRAIS

CITADEL
Grupo Editorial

2024

# SUMÁRIO

# AGRADECIMENTOS

**À MINHA AMADA** parceira e esposa, Thaís Helena Queiroz, pela paciência e pelo apoio incondicional nesse constante propósito.

A meus filhos, Luã, Sol e Isis, por compreenderem tantos momentos de ausência quando o chamado à umbanda se faz necessário.

A meus filhos espirituais, alunos e leitores, que são a motivação para mais esta obra vir à luz.

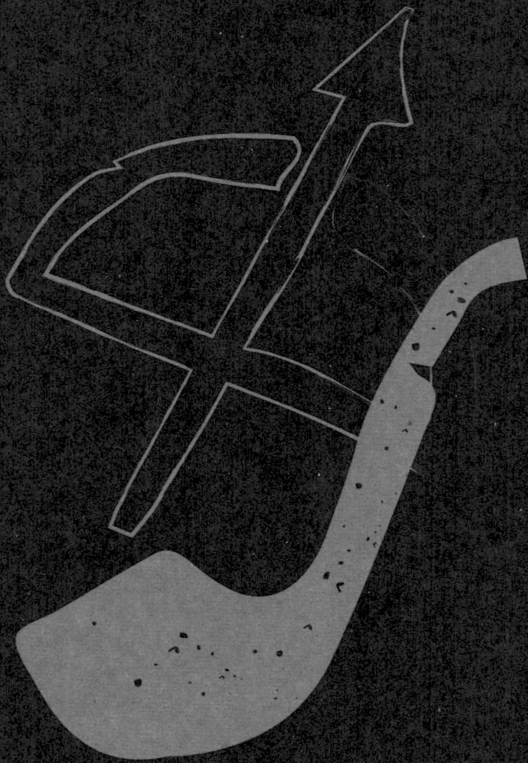

# INTRODUÇÃO

**A UMBANDA**, em sua pluralidade e profundidade, é um dos maiores patrimônios espirituais de resistência e transformação. Nascida da fusão de culturas e saberes ancestrais, ela é sustentada por um sistema complexo de entidades que, a cada gira, nos conectam com mundos invisíveis, mas repletos de sabedoria e proteção. Este livro se dedica a explorar e aprofundar o conhecimento sobre essas entidades – Caboclos, Pretos-Velhos, Erês, Exus, Pombagiras, entre outras – que desempenham papel central no desenvolvimento espiritual de seus filhos e praticantes.

As entidades da umbanda não são apenas figuras simbólicas; são forças vivas que carregam consigo histórias de luta, resistência e cura. Cada uma delas atua em dimensões específicas, interagindo conosco de forma única e nos proporcionando aprendizados fundamentais para nosso crescimento espiritual e emocional. Com este livro, você terá a oportunidade de compreender como essas entidades se manifestam, suas características principais e, sobretudo, como elas influenciam nossas vidas de forma prática e concreta.

Este trabalho é resultado de anos de estudo, vivência e diálogos profundos com guias espirituais que se manifestam nas giras e no dia a dia dos terreiros. Cada página reflete, além de um estudo teórico, a experiência vivida dentro da religião, em que cada linha de trabalho carrega consigo um ensinamento que ultrapassa o material. A intenção é que este livro seja tanto uma fonte de conhecimento quanto um portal para uma vivência espiritual mais consciente e conectada.

À medida que você avançar na leitura, verá que as entidades da umbanda são não apenas intermediários entre mundos, mas também reflexos da nossa própria jornada como seres humanos em busca de equilíbrio, justiça e evolução. Caboclos que resgatam o elo perdido com a natureza e nos lembram da importância da simplicidade e da força interior; Pretos-Velhos que, com sua humildade e sabedoria, trazem lições de paciência e resiliência; Exus e Pombagiras que rompem barreiras e nos ensinam sobre liberdade, transformação e resistência.

Ao compreender o papel de cada uma dessas entidades, você também será chamado a refletir sobre seu próprio caminho. A umbanda, em sua essência, nos ensina que a espiritualidade não é distante, mas acessível e presente em cada gesto e escolha que fazemos. As entidades estão aqui para nos lembrar de que, através do amor, do respeito e da conexão com os ancestrais, podemos trilhar um caminho de luz e evolução.

Este livro foi escrito para quem deseja conhecer mais profundamente as entidades da umbanda e para aqueles que, independentemente de sua jornada espiritual, buscam entender a riqueza dessa tradição que se renova e se fortalece a cada geração. Que ele sirva como uma fonte de inspiração e de guia, e que as forças espirituais aqui descritas possam acompanhá-los em cada passo do seu caminho.

# APRESENTAÇÃO

Saudações fraternas, querido(a), leitor(a)!

**ESTE LIVRO NASCEU DE UM CHAMADO.** Um chamado que se manifesta em cada gira, em cada toque do atabaque, em cada vela acesa nas encruzilhadas da vida. A umbanda, com sua riqueza de ritos e ensinamentos, é mais do que uma religião; é um ideal de vida, é uma experiência profunda de conexão entre mundos – o físico e o espiritual, o ancestral e o contemporâneo, o visível e o invisível. Cada entidade que se manifesta carrega consigo uma missão e um pedaço vivo da história de resistência, cura e transformação espiritual.

Ao longo deste livro, você será guiado por diferentes vozes e energias, todas elas únicas, mas entrelaçadas por uma sabedoria comum. Os Caboclos, com sua conexão visceral com a natureza e o espírito guerreiro dos povos indígenas, nos ensinam sobre força e simplicidade. Ao se deparar com essas páginas, você sentirá a presença dos Pretos-Velhos, que, com sua serenidade, trazem uma paz que é difícil de descrever – uma paz que nasce do profundo respeito pelas dores e alegrias da vida, uma sabedoria adquirida em tempos de luta e superação.

Você também encontrará Exus e Pombagiras, essas entidades malcompreendidas, mas tão essenciais para o equilíbrio e a transformação. São eles que nos lembram de que a vida é movimento, que as encruzilhadas são lugares não apenas de indecisão, mas também de oportunidade. A cada escolha, a cada caminho que se abre, há uma lição de liberdade e responsabilidade. São eles que rompem correntes, que nos libertam de padrões e nos empoderam para sermos donos de nosso destino. Ao longo destas páginas, você verá como Exus e Pombagiras atuam tanto no plano espiritual como no emocional e no social, abrindo portas e nos guiando para fora de prisões invisíveis.

Este livro é também uma jornada pela diversidade das entidades. Erês, com sua pureza infantil, nos recordam do poder da alegria e da leveza em meio às dificuldades. Os Malandros, com suas histórias de sobrevivência nas ruas, trazem a malandragem não como um ato de transgressão, mas como uma sabedoria urbana, que nos ensina a viver com esperteza, sem perder a ética e a dignidade.

Tudo isso foi pensado com a intenção de despertar em você, leitor(a), uma nova forma de ver a umbanda – não só como uma prática religiosa, mas como um caminho de vida, uma filosofia que nos ensina a enxergar além do óbvio, a sentir além do material e a nos conectar com as raízes profundas da ancestralidade. A cada entidade que você encontrar nestas páginas, haverá um convite para refletir sobre sua própria história. Porque a umbanda, acima de tudo, é um espelho – um espelho que nos mostra quem somos, o que carregamos e para onde estamos indo.

Escrever este livro foi, para mim, uma experiência de reencontro com minhas próprias raízes espirituais. Cada capítulo é um reflexo das vivências, dos aprendizados e das comunhões com os guias que nos cercam, sempre presentes, mesmo quando não percebemos. Aqui compartilho esses conhecimentos com a esperança de que eles iluminem sua caminhada e também abram portas para novas compreensões, novas formas de enxergar a vida e o que há além dela.

Prepare-se para uma leitura que, mais do que informar, pretende transformar. Porque, no fim, é isto que a umbanda faz: ela nos transforma, nos refaz e nos fortalece. Que cada palavra aqui escrita seja uma ponte entre você e as forças invisíveis que, desde sempre, velam por nós.

SARAVÁ, AXÉ, MO JUBÁ!

PAI RODRIGO QUEIROZ

PARTE 1

# LINHAS DE TRABALHO

ORGANIZAÇÃO ORIGINAL DA UMBANDA

CAPÍTULO 1

# ENTIDADES DA UMBANDA COMO FAMÍLIA ESPIRITUAL

**NA UMBANDA**, as entidades são muito mais do que guias espirituais; elas são parte da nossa **família espiritual**. Esses espíritos representam nossos antepassados, aqueles que compartilharam inúmeras vidas conosco e nos conhecem de forma profunda e íntima. **Caboclos**, **Pretos-Velhos**, **Crianças**, **Exus** e outros grupos espirituais não são apenas símbolos ou arquétipos. Eles carregam uma legitimidade que vai além da mera representação, pois são manifestações reais de espíritos que compartilham conosco uma **ancestralidade espiritual**.

As entidades da umbanda são espíritos que nos acompanham ao longo das encarnações. Muitos são antigos familiares, amigos e companheiros de jornadas passadas que continuam ao nosso lado para apoiar nossa evolução. Como descreve a tradição oral, são espíritos que, como **ancestrais**, guardam o conhecimento de vidas compartilhadas e experiências mútuas. Cada Caboclo ou Preto-Velho, cada criança ou Exu traz consigo a energia daqueles que vieram antes de nós, ajudando a tecer a nossa história com os fios do **passado**, do **presente** e do **futuro**.

Certa vez Pai Caboclo Tupinambá me disse:

"EU SOU RAIZ E FOLHA,
SOU TRONCO DE TODA MATA,
EU CONHEÇO TEUS CAMINHOS,
QUE FORAM TAMBÉM OS MEUS."

Essa mensagem ecoa a ideia de que as entidades estão profundamente ligadas a nós, conhecendo nossos desafios e glórias como se fossem seus. Não estamos sós na caminhada da vida; somos acompanhados por espíritos que nos entendem, porque já estiveram em nosso lugar.

A presença das entidades da umbanda é também uma chamada ao **progresso espiritual**. Elas vêm para nos ajudar a relembrar quem somos, quais são nossas potencialidades e como podemos seguir adiante no caminho de crescimento da consciência, muitas vezes chamado de **evolução espiritual**. Não há evolução solitária. A espiritualidade da umbanda nos ensina que o progresso é uma construção coletiva, feita com o apoio dessas entidades, que, como **família espiritual**, nunca nos abandonam.

## A FAMÍLIA ESPIRITUAL E A JORNADA DE AUTOCONHECIMENTO

As entidades, além de nos ajudarem a progredir espiritualmente, são parte integrante do nosso **processo de autoconhecimento**. Quando nos sentamos frente a frente com um Preto-Velho, sentimos o peso da história e o carinho de um avô. Ao recebermos os conselhos de um Caboclo, somos lembrados da nossa força interior e da resiliência que precisamos cultivar. Cada interação é um reencontro com uma parte de nós mesmos e uma oportunidade de crescimento, como se estivéssemos conversando com velhos conhecidos que nos enxergam além das máscaras que usamos no dia a dia.

Como diria Carl Jung, que tanto explorou o conceito de arquétipos: "Conheça todas as teorias, domine todas as técnicas, mas ao tocar uma alma humana, seja apenas outra alma humana". Na Umbanda, essa conexão de alma para alma é facilitada pelas entidades, que nos tocam de forma humana e espiritual ao mesmo tempo, mostrando-nos o caminho de volta para nós mesmos.

Na umbanda, as entidades são mais do que guias espirituais. São **laços eternos** que se formam para além do tempo, sempre presentes para nos orientar, acolher e relembrar a nossa essência. A umbanda nos ensina que estamos constantemente acompanhados, e que o caminho da evolução é trilhado com aqueles que fazem parte da nossa história, hoje e sempre.

# CAPÍTULO 2

# LINHAS DE TRABALHO ESPIRITUAL E SUAS REPRESENTAÇÕES ARQUETÍPICAS

NA UMBANDA, as **linhas de trabalho espiritual** representam uma vasta diversidade de grupos espirituais que se conectam às origens **territoriais**, **históricas** e **culturais** dos espíritos que atuam como guias. Esses grupos espirituais, como os **Caboclos** e **Pretos-Velhos**, têm características que refletem a ancestralidade e a identidade cultural de seus adeptos, manifestando-se como **arquétipos** de grande profundidade e significado.

## ENTENDENDO O CONCEITO DE ARQUÉTIPO

Um arquétipo, segundo Carl Jung, é um modelo ou símbolo universal que representa padrões de comportamento, ideias ou emoções. Na umbanda, esses arquétipos são manifestações espirituais que espelham facetas da alma humana e dos grupos sociais. Um **Caboclo**, por exemplo, não é apenas um espírito indígena, mas uma personificação da força, da coragem e da ligação com a natureza. De forma similar, os **Pretos-Velhos** simbolizam a sabedoria e a resiliência dos ancestrais africanos, transmitindo ensinamentos sobre paciência e cura.

Luiz Antonio Simas, em suas obras sobre religiosidade e cultura popular brasileira, destaca como as entidades da umbanda são guardiãs da memória ancestral e elementos de resistência cultural. Ele explora como os **Caboclos** e **Pretos-Velhos** personificam arquétipos de bravura e sabedoria, respectivamente, que carregam o peso histórico da ancestralidade indígena e africana. No livro *O corpo encantado das ruas*, Simas ressalta que esses espíritos simbolizam a luta e a perseverança dos povos marginalizados, oferecendo um canal de comunicação espiritual e cultural que mantém vivas as tradições populares do Brasil.

Os **Caboclos**, por exemplo, são espíritos que remetem ao encontro entre os saberes indígenas e a natureza. Eles ensinam sobre o poder das ervas e o respeito aos elementos naturais. Já os **Pretos-Velhos** representam a paciência e o acolhimento, em memória dos que resistiram ao sofrimento da escravidão, transformando a dor em lições de humildade e resiliência. Essas entidades são, portanto, mais do que figuras arquetípicas; elas são símbolos de resistência e preservação de saberes que o tempo e a história se esforçaram para apagar.

Os **Pretos-Velhos**, discutidos por Roger Bastide em *As religiões africanas no Brasil*, representam os antigos escravizados que, mesmo em meio ao sofrimento, mantinham vivas suas tradições e práticas espirituais. Eles encarnam a sabedoria e a força de um povo que transformou dor em aprendizado, passando adiante os segredos das ervas, rezas e curas que ainda hoje fortalecem os filhos da umbanda.

## A DIMENSÃO FAMILIAR E REGIONAL

Na umbanda, as entidades espirituais podem também refletir **particularidades regionais**, variando suas manifestações conforme os costumes e as influências culturais de diferentes partes do Brasil. Assim, encontramos **Exus** e **Pombagiras** que adotam comportamentos e modos de falar característicos de determinadas regiões, refletindo o folclore e as tradições locais. Esse é um exemplo de como a umbanda se adapta e se molda ao contexto cultural de cada terreiro, criando uma experiência espiritual que dialoga diretamente com a realidade de seus praticantes.

As **Linhas Familiares** são uma teia complexa que conecta o passado ao presente, preservando a ancestralidade e as tradições espirituais dos povos que compõem a história do Brasil. Elas não apenas trazem conselhos e curas, mas também representam **vínculos ancestrais** que nos ajudam a lembrar quem somos e de onde viemos. A umbanda, assim, se torna uma religião de memória e transformação, em que cada entidade é uma centelha de luz que ilumina o caminho para o nosso **autoconhecimento** e **crescimento espiritual**.

# CAPÍTULO 3

# ENTRE RAÍZES E ENCRUZILHADAS: A MISCIGENAÇÃO QUE MOLDA A UMBANDA

A UMBANDA é uma religião viva, que se molda e se adapta conforme atravessa o Brasil, com suas vastas regiões e múltiplas culturas. Não apenas os povos se misturaram neste solo, mas também as práticas e crenças espirituais. É essa **miscigenação de saberes** e **adaptação regional** que faz da umbanda uma religião profundamente conectada à diversidade e à pluralidade do país.

As entidades da umbanda, como os **Caboclos**, **Pretos-Velhos** e **Exus**, não se manifestam da mesma forma em todos os lugares. Um Caboclo que trabalha em um terreiro no Norte do Brasil pode carregar traços e costumes diferentes de um Caboclo do Sul. No Norte ele pode se apresentar como um **Caboclo da Amazônia**, com sabedorias que refletem o conhecimento sobre ervas e florestas tropicais. Já no Sul, pode trazer a tradição dos **Pampas**, conhecendo as ervas e raízes daquela terra.

Essa diversidade regional das entidades da umbanda cria uma relação íntima e única com cada região. Assim como a umbanda foi moldada pela miscigenação de culturas, cada entidade se molda ao território onde atua, refletindo a **cultura popular** e as **tradições locais**. Como descreve Luiz Antonio Simas, "a Umbanda é uma religião de encruzilhada, pois nela se encontram e se mesclam caminhos diferentes, vindos de múltiplas direções, que se unem e se desdobram em novas possibilidades espirituais".

Além de adaptar-se aos diferentes cantos do Brasil, a umbanda incorpora saberes de diversas tradições espirituais. Esse processo de miscigenação é não só étnico, mas também espiritual. Em muitos terreiros, é possível encontrar práticas e elementos que lembram o **candomblé**, o **espiritismo kardecista**, o **catolicismo** e até mesmo traços do **esoterismo**. Cada terreiro é, portanto, um microcosmo espiritual onde múltiplas tradições se entrelaçam.

Esse sincretismo se reflete na diversidade das práticas e nas entidades que nelas atuam. Alguns terreiros realizam rezas do **Pai-Nosso** antes de iniciar os trabalhos, enquanto outros entoam cânticos em iorubá ou invocam a força dos orixás. Há também os que utilizam mandalas, cristais ou instrumentos como o **atabaque** para marcar o ritmo da sessão. Como bem descreve Reginaldo Prandi, "a Umbanda é uma religião que abre as portas para todas as práticas espirituais que conduzam ao bem, acolhendo as verdades de cada uma delas e as integrando de forma harmônica".

## HISTÓRIA DE CONEXÃO E RESILIÊNCIA

Em um terreiro no interior da Bahia, certa vez uma filha de santo se conectou com o espírito de uma **Cabocla Jurema**, que dizia ter vivido e conhecido o mar e a mata. Em suas palavras, Jurema se apresentou como um espírito de muitas terras, que conhecia os saberes das águas do mar e as ervas da floresta. Ela disse, "o mar é meu e a mata também", revelando-se como uma síntese da natureza, um espírito que transcende a divisão geográfica e representa o **encontro dos saberes**. E é assim que, em cada canto, os

Caboclos e Pretos-Velhos trazem memórias e práticas que se entrelaçam, tecendo a história da umbanda com fios de múltiplas cores e texturas.

Essa miscigenação de saberes espirituais faz da umbanda uma religião universal em seu alcance e única em sua essência. Ela reflete as etnias e culturas que se misturaram no Brasil e também acolhe uma diversidade de práticas espirituais, formando uma teia de significados e símbolos que falam diretamente ao coração de seus adeptos. A umbanda é, portanto, um reflexo da pluralidade e da capacidade do Brasil de absorver e transformar o que vem de fora, criando algo profundamente enraizado na identidade nacional.

## BRASILIDADE E RESISTÊNCIA: O ESPÍRITO DA UMBANDA

Em sua essência, a umbanda desafia qualquer tentativa de purificação ou confinamento em uma única origem cultural. No coração dessa religião pulsa a energia de um Brasil miscigenado, em que o encontro de diferentes culturas, espiritualidades e raças formou um caminho espiritual tão diverso quanto o próprio povo brasileiro. Tentar definir a umbanda como algo exclusivamente bantu, exclusivamente espírita ou exclusivamente indígena é tentar reduzir a grandiosidade de uma religião que nasceu para ser **plural**, **aberta** e **acolhedora**.

No entanto, é impossível ignorar que, ao longo da história, a hegemonia da **branquitude** e o legado colonial tentaram sufocar e apagar essa diversidade, impondo uma visão única que desconsiderava as vozes afro-brasileiras e indígenas.

Mas a umbanda, em sua resiliência, **sobreviveu e floresceu**. Ela acolhe tudo aquilo que é marginalizado, transformando a dor da opressão em **força espiritual**. É essa capacidade de transformar e integrar que fez da umbanda uma religião forte e inquebrável, uma expressão viva de resistência cultural.

A beleza da umbanda reside exatamente nesse acolhimento irrestrito, nessa capacidade de ser **brasileira em todas as suas facetas**. Ela é um lugar onde cada linhagem espiritual encontra seu espaço, onde cada canto do terreiro carrega um pouco da alma do Brasil. E é justamente por isso que a umbanda não precisa ser limitada a um único rótulo. Ela é afro-brasileira, sim, mas também é indígena, europeia, asiática. Em última análise, ela é **um espelho do Brasil**

– um país que, apesar de todos os desafios, continua a celebrar sua pluralidade e sua riqueza cultural.

Exaltar a umbanda é exaltar a diversidade e a coragem de um povo que, em meio a todas as adversidades, não renunciou a sua espiritualidade, mas a moldou para incluir todos. E que esta seja sempre a essência da umbanda: uma religião que se define não por exclusões, mas por **inclusões**, em que o sagrado se manifesta em todas as suas formas. Que possamos nos lembrar de que a umbanda é, em sua raiz mais profunda, **um ato de amor** pela **cultura brasileira** e pelo **espírito humano**.

CAPÍTULO 4

# UMBANDA: ENTRE RAÍZES E RENOVAÇÃO

**EM UM TERREIRO** à beira da mata, o som dos atabaques ressoa enquanto o Caboclo adentra o espaço sagrado com passos firmes e leves, quase como se estivesse dançando. Ao redor, os filhos e as filhas de santo observam em silêncio reverente, esperando o momento em que poderão se aproximar para receber sua bênção. Ali, naquele chão de terra batida, a ancestralidade se manifesta. Em um canto, um Preto-Velho acende uma vela e murmura orações antigas, seus lábios mal se movem, mas a força de suas palavras parece preencher o ar com sabedoria e paz. Na umbanda, não há uma hierarquia de culturas: indígenas, africanos e europeus se encontram e se misturam, assim como o povo que os celebra.

A umbanda é mais do que um resgate cultural; ela é um **reconhecimento vivo** da ancestralidade que formou o Brasil. Ela não busca restaurar o que foi perdido, mas acolhe e transforma as heranças dos povos que se misturaram neste solo. Na umbanda, cada linhagem espiritual carrega um pedaço dessa história coletiva, mas não se define por ela. Em vez disso, elas criam algo novo e autêntico, algo que só poderia existir em uma terra como o Brasil.

Diferentemente do **Candomblé**, em que o idioma sagrado e os rituais buscam preservar as tradições africanas, a umbanda se expressa em português, a língua do povo que a fez nascer. Em cada canto entoado, em cada reza, está o espírito do Brasil: um país que acolhe, adapta e transforma. Pai Carlos Buby do Templo Guaracy do Brasil, com seu trabalho de expansão da umbanda em templos pelo mundo, nos lembra de que, aonde quer que vá, ela carrega essa essência brasileira, entoando pontos e louvores na língua que todos entendem.

A umbanda, assim, é uma **religião de fluxos e encontros**. Ela não se apega a um mito fundador, não repete as mesmas histórias ou rituais. Cada gira é única, moldada pelas forças espirituais e pelas necessidades dos que ali estão. Essa flexibilidade não é uma fraqueza; é uma força. Ela permite que a umbanda seja sempre nova, sempre aberta ao inesperado, à mudança e ao crescimento. É como o rio que flui, sempre renovado, mas que ainda carrega as águas de muitas fontes, alimentado por cada corrente que nele deságua.

A busca por um purismo cultural na umbanda ignora essa essência. Quando se tenta definir a umbanda como algo puramente africano ou puramente espírita, perde-se de vista o que realmente a torna especial: a capacidade de **transformação e acolhimento**. A umbanda não se prende a um único caminho. Ela é, ao mesmo tempo, o retorno às raízes e a criação de novas formas de espiritualidade.

A umbanda é uma **celebração da brasilidade**, pois é feita daquilo que o Brasil é: múltiplo, diverso, complexo. É uma religião que reflete as vozes dos que foram marginalizados, dos que resistiram e dos que encontraram no sagrado um espaço de acolhimento e cura. É como o vento nas encruzilhadas, que carrega as vozes de todos os que vieram antes e dos que ainda virão. É o som do tambor, a reza que acalma, o abraço que acolhe.

Por isso, dizer que a umbanda é simplesmente um resgate cultural é diminuir sua força. Ela não revive o passado; ela o honra e o transforma. Não busca ser pura ou imutável, mas abraça a mudança e se permite ser moldada pelo tempo e pelas pessoas que nela acreditam. A umbanda é o Brasil que dança e reza, que chora e ri, que vive e resiste. Ela é, em sua essência, uma **expressão do amor e da pluralidade** que nos une e nos fortalece.

# CAPÍTULO 5

# ESPELHO DO POVO: ARQUÉTIPOS SOCIAIS NA UMBANDA

IMAGINE um terreiro em meio à cidade grande. O ritmo dos atabaques convida a entidade, que se aproxima com o jeito irreverente do **malandro**. Este, um Zé Pelintra, carrega consigo o arquétipo do **boêmio**, do **"bon-vivant"** astuto que conhece a cidade como a palma da mão. Ele é ao mesmo tempo místico e cotidiano, evocando o espírito do povo que vive à margem, mas que também compõe o coração do Brasil.

Ele fala como quem conhece as encruzilhadas da vida, e seu riso ecoa pela sala, enchendo o ambiente de uma energia leve e indomável.

Na umbanda, arquétipos como o de **Zé Pelintra** não são apenas figuras espirituais; eles são espelhos das realidades sociais brasileiras. Como destaca Luiz Antonio Simas, em *Flechas no tempo*, "o malandro é um sobrevivente das ruas, e sua presença na Umbanda é a prova de que o sagrado pode se manifestar nos becos e esquinas da vida". A umbanda, ao acolher essas figuras, oferece um espaço para a pluralidade e a complexidade do povo brasileiro.

Ao incluir figuras como o **Zé Pelintra**, a umbanda faz mais do que espiritualizar; ela **contextualiza**. A figura do malandro, com sua ginga e esperteza, representa um Brasil que encontra formas de viver e sobreviver apesar das dificuldades. Antonio Candido, em *Dialética da malandragem*, descreve a malandragem como "um comportamento cultural que desafia a ordem estabelecida, uma resposta criativa às condições adversas". Na umbanda, Zé Pelintra incorpora essa malandragem como um ato de resistência, uma espiritualidade que não se distancia da vida urbana e das lutas do dia a dia.

Essas entidades são vistas por muitos como guias espirituais, mas também são reflexos da vida brasileira, de um país que se reinventa todos os dias nas ruas e favelas, onde a luta e a fé caminham lado a lado. Roberto DaMatta, em *Carnavais, malandros e heróis*, ressalta que "o malandro é o símbolo da astúcia popular e da resistência às estruturas sociais rígidas", e Zé Pelintra personifica essa luta, com suas habilidades de navegar entre o sagrado e o profano, o espiritual e o terreno.

Nas regiões Norte e Nordeste, vemos a presença de figuras como o **Caboclo da Mata** ou o **Boto**, que trazem consigo a força da floresta e a fluidez dos rios. Luiz Antonio Simas destaca, em *O corpo encantado das ruas*, que "a espiritualidade brasileira é, antes de tudo, regional", e isso se reflete na umbanda. O Boto, por exemplo, é um mito amazônico, assim como uma entidade que se manifesta para trazer cura e sabedoria, uma representação do espírito livre da floresta.

Essas entidades regionais reforçam o vínculo da umbanda com a **cultura local**. Elas mostram que a religião se molda e se adapta, acolhendo a diversidade de um país tão vasto quanto o Brasil, onde cada região contribui com suas próprias histórias e influências para enriquecer o todo.

O **Baiano** ou o **Sertanejo**, na figura do **Boiadeiro**, trazem consigo os desafios dos migrantes e trabalhadores rurais. Esses arquétipos simbolizam a dureza da vida no campo e as esperanças daqueles que buscam melhores condições nas cidades. Para Muniz Sodré, esses arquétipos representam "uma memória coletiva de resistência e fé" (*Encontros e desencontros: identidades brasileiras*), e sua presença na umbanda lembra que a espiritualidade está sempre ligada às lutas e aspirações do povo.

A umbanda, ao acolher esses arquétipos, torna-se um espelho da **identidade brasileira**. Ela reflete as faces de um povo que é múltiplo, resistente e profundamente espiritual. Como bem lembra Simas, "a Umbanda não é uma religião que se dobra; ela se adapta e acolhe, mas não perde sua essência" (*Flechas no tempo*).

Cada arquétipo social é, portanto, uma forma de preservar e honrar as diferentes camadas da vida brasileira. Ao incluir o malandro, o sertanejo, o pescador, a umbanda nos lembra de que a espiritualidade é algo que vivemos e respiramos todos os dias, nas lutas e nas conquistas que fazem parte de ser brasileiro.

sorriu, um sorriso leve, quase invisível, que trazia uma paz difícil de descrever.

Ao seu lado, um Caboclo se aproximou, carregando no peito o cheiro de folhas e de liberdade. Seus olhos eram profundos e brilhavam como quem já viu o mundo nascer e renascer inúmeras vezes. "Essa terra é nossa, Pai", ele murmurou, enquanto o Preto-Velho assentia, ambos imersos em um entendimento silencioso.

Lá no fundo, na entrada do terreiro, um jovem Zé Pelintra girava o chapéu nas mãos, e sua risada ecoava, carregada de vida. Ele parecia parte do terreiro, mas também parte das ruas da cidade, dos becos e das encruzilhadas. Ele era a ponte, a encruzilhada em pessoa, o que caminha entre mundos e sabe que, na umbanda, todos os caminhos se encontram.

As figuras espirituais se entreolharam. Não precisavam de palavras, porque todos sabiam que cada um ali trazia uma parte do que fazia aquele lugar ser o que era. Juntos formavam o espelho do povo brasileiro, um reflexo das histórias, das dores e das alegrias que compõem o coração de quem cruza a porta do terreiro. Ali, cada entidade era mais do que apenas um guia; era um pedaço vivo da alma coletiva, um arquétipo de tudo que o Brasil é e sempre será.

No terreiro, os espíritos dançam como o povo dança, rezam como o povo reza, choram e riem como o povo chora e ri. Eles são nós, e nós somos eles. Assim, o terreiro se faz completo, acolhendo cada espírito, cada pessoa, cada verdade que chega e se mistura ao todo.

A umbanda não é uma estrada reta, é a encruzilhada onde todas as vozes se encontram e se escutam. Onde o espírito e o corpo se entrelaçam, onde cada filho e cada filha de santo encontram no outro um pouco de si mesmos. E, ao final de cada gira, a umbanda se renova, sem jamais perder suas raízes, sem jamais esquecer seu propósito: ser o lar onde todos cabem e onde cada história é um pedaço do sagrado.

# CAPÍTULO 6

# FALANGES E LINHAS DE TRABALHO ESPIRITUAL

**NA UMBANDA**, o conceito de **falange** organiza o trabalho das entidades espirituais de modo coletivo, conferindo-lhes uma estrutura que vai além do indivíduo, conectando-se ao grupo. Embora o termo "falange" tenha origem militar, ele foi apropriado pela umbanda como um recurso vocabular que permite entender como os espíritos se agrupam em **coletividades** para atuar nos terreiros. No entanto, atualmente, esse conceito tem sido alvo de críticas, particularmente a respeito de sua possível conexão com um imaginário de organização militar, atribuído ao que alguns autores chamam de "visão da branquitude".

## A HISTÓRIA DO CONCEITO DE FALANGE NA UMBANDA

O termo "falange" foi amplamente discutido por autores antigos como Lourenço Braga, na obra *Umbanda e quimbanda no Brasil*, em que ele descreve a **organização espiritual coletiva** como uma forma de reforçar o poder espiritual e a atuação das entidades nos terreiros. Braga argumenta que "falange" serve para nomear um conjunto de espíritos com afinidades e que, ao se agruparem, conseguem realizar tarefas espirituais de forma mais eficaz e coesa.

Entendo inclusive que a falange possibilita um **anonimato** das entidades, pois o trabalho é sempre realizado em nome da liderança da falange, preservando as identidades dos espíritos agrupados.

Termos como **grupos, famílias ou clãs** são alternativas que alguns preferem, uma vez que refletem melhor a **cosmovisão de coletividade** encontrada nas culturas indígenas e africanas, que têm influências profundas na umbanda. Nas sociedades tradicionais africanas, a **família estendida** e os **clãs** formam a base da organização social e espiritual. Sob essa ótica, as falanges podem ser vistas como coletividades que compartilham um propósito espiritual comum, e não necessariamente como uma estrutura hierárquica e rígida.

## FALANGES: ORGANIZAÇÃO OU MILITARIZAÇÃO?

A crítica de que o conceito de falange representa um modelo **militar** na umbanda reflete uma visão que, segundo alguns, estaria ligada ao **racismo estrutural** e à apropriação eurocêntrica de um sistema espiritual que originalmente se organiza de forma não hierárquica. Contudo, cabe ponderar que, embora o termo venha do vocabulário militar, foi ressignificado para descrever a organização espiritual na umbanda.

Ao entender as falanges como **grupos de espíritos que compartilham o mesmo campo de atuação**, a estrutura deixa de ser uma imposição vertical e passa a refletir a **dinâmica do mundo espiritual**. Na umbanda, as entidades, como os Caboclos e Pretos-Velhos, organizam-se em falanges para representar não apenas a **força e o propósito coletivo**, mas também a **diversidade** de cada linha de trabalho. Isso faz com que a falange seja vista mais como uma **comunidade espiritual** lembrando quilombos e aldeias do que como uma hierarquia rígida.

## ANONIMATO E SIMBOLISMO DOS NOMES NAS FALANGES

Outro aspecto importante das falanges é o uso de **nomes simbólicos**, que ajudam a manter o anonimato dos espíritos individuais, enquanto reforçam o poder do coletivo. Ao se manifestarem sob o nome de falanges como **Caboclo Sete Flechas** ou **Pai João de Angola**, as entidades preservam sua individualidade, mas compartilham o mesmo campo vibratório e as mesmas características da falange. Esse anonimato é um elemento que aproxima a estrutura espiritual da umbanda das **etnias africanas e indígenas**, em que o coletivo sempre se sobrepõe ao indivíduo.

Essa prática é um reflexo da influência cultural de coletividades tradicionais, como **os povos bantu**, nos quais os **clãs** se organizam de maneira semelhante. Esses grupos frequentemente têm líderes cujos nomes e títulos simbolizam o coletivo, preservando a identidade de seus membros. Na umbanda, portanto, o nome da falange é, além de um símbolo de autoridade, um **recurso de proteção e de conexão espiritual**, que permite à entidade-chefe resguardar os espíritos que atuam sob sua liderança.

As falanges facilitam a **organização dos trabalhos espirituais** nos terreiros de umbanda. Cada falange se organiza de acordo com a **linha de trabalho e/ou orixá associado**, de modo que uma falange de Caboclos ligada a Oxóssi terá afinidade com questões de cura e proteção, enquanto uma falange de Pretos-Velhos sob a influência de Omolu trabalhará com energias de transformação e sabedoria. Em outras palavras, a falange permite que o trabalho espiritual seja realizado de maneira **ordenada e eficaz**, sem abrir mão da flexibilidade e do caráter coletivo.

Podemos concluir que o propósito das falanges é garantir que os espíritos possam atuar de forma **ampla e coordenada**, enquanto permanecem fiéis aos princípios e valores da religião. Esse entendimento permite que as falanges sejam vistas como **agrupamentos fluidos**, adaptáveis às necessidades dos consulentes e do terreiro.

Para além das críticas, o conceito de falange na umbanda pode ser visto como uma **extensão da coletividade africana e indígena**, em que a conexão com o grupo é mais importante do que a individualidade. As falanges refletem a ideia de **ancestralidade coletiva**, na qual os espíritos se unem para atuar como um só, em nome de algo maior do que eles mesmos. Essa perspectiva reforça a importância de pensar nas falanges como um **espaço de comunhão e de trocas espirituais**, em que o espírito que lidera é o ponto de união e o símbolo de um propósito comum.

A estrutura das falanges não contradiz as origens afro-brasileiras e indígenas da umbanda, mas sim as complementa, trazendo um conceito que dialoga com as ideias de **família extensa, comunidade e clã**. Ao ver as falanges sob essa ótica, a crítica à militarização perde força, e o conceito ganha uma ressignificação alinhada com o propósito de **trabalho espiritual coletivo e harmonia com a ancestralidade**.

Ao compreender as falanges como **coletivos espirituais**, a umbanda consegue harmonizar a organização e o anonimato, o coletivo e o individual, sem perder a essência de sua espiritualidade. Assim, o termo "falange" pode ser aceito como um **recurso vocabular**, que reflete o compromisso com o trabalho coletivo e o respeito pela diversidade das entidades que se manifestam nos terreiros.

## DE CABOCLOS A POMBAGIRAS: ENTENDENDO AS LINHAS DE TRABALHO

As **linhas de trabalho** representam agrupamentos espirituais organizados conforme afinidades vibratórias e objetivos de atuação. Cada linha de trabalho serve como um **eixo coletivo**, em que diversas falanges se unem para atuar em harmonia, mantendo-se conectadas aos atributos e arquétipos de uma mesma linha. Assim, o conceito de linha de trabalho define o campo de atuação geral das falanges, funcionando como um ponto de convergência que organiza as entidades conforme suas qualidades e seus propósitos espirituais.

A linhas de trabalho mais comuns são Caboclos, Pretos-Velhos, Crianças, Baianos, Boiadeiros, Marinheiros, Ciganos, Malandros, Exus e Pombagiras. Citaremos ao longo do livro outras linhas mais regionais ou raras.

Cada uma dessas linhas agrega múltiplas falanges que, embora tenham especificidades próprias, compartilham uma **essência vibratória comum** que organiza seu trabalho espiritual. As falanges de Caboclos, por exemplo, têm como principal função a **proteção e cura**, mas cada falange nessa linha pode ter um enfoque diferente, dependendo do espírito--chefe e da vibração particular que carregam.

## LINHAS DE TRABALHO E SUAS CORRELAÇÕES COM ORIXÁS E SANTOS

A umbanda, em sua formação e expansão, incorporou diversas influências culturais e religiosas. Por isso, é comum que alguns autores e sacerdotes associem as linhas de trabalho aos **orixás** da tradição africana nagô, enquanto outros fazem correlações com **santos católicos**, fruto da história sincrética da religião.

Por exemplo:

- **CABOCLOS** são frequentemente associados a Oxóssi, o orixá das matas, reforçando a conexão com a natureza e a cura. Também a São Sebastião ou São Jorge.

- **PRETOS-VELHOS** são conectados a Omulu/Obaluaiê, lidando com a transformação e a sabedoria ancestral, mas também podem ser associados a São Benedito na perspectiva católica.

- **BAIANOS** são muitas vezes relacionados a Iansã, pela característica de enfrentamento e resistência, mas também com figuras de santos populares, como Nosso Senhor do Bonfim.

- **EXUS E POMBAGIRAS** são frequentemente correlacionados com os orixás Exu e Iansã, respectivamente, embora alguns segmentos também vejam influência de figuras católicas como São Miguel Arcanjo.

Essa associação com os orixás africanos e santos católicos não é universal. Alguns terreiros preferem não estabelecer correlações rígidas, optando por deixar as linhas de trabalho mais abertas e flexíveis.

Uma crítica atual relevante diz respeito à necessidade de adaptar a umbanda a uma estrutura mais **diversa e plural**, que permita espaço para variações e múltiplas interpretações. A **correlação estrita com orixás ou santos católicos** pode ser vista por alguns como uma tentativa de "domesticar" a espiritualidade da umbanda dentro de parâmetros já conhecidos, limitando a amplitude de sua expressão cultural. Ao validar a diversidade e permitir que cada terreiro ou segmento pratique conforme sua compreensão e linhagem, a umbanda fortalece seu caráter de **religião inclusiva e multifacetada**. A multiplicidade de formas de entender e praticar as linhas de trabalho enriquece a religião, tornando-a adaptável e viva, refletindo a complexidade cultural de seus praticantes.

As linhas de trabalho são pilares da organização espiritual da umbanda, atuando como pontos de convergência que acolhem as falanges e possibilitam a diversidade de expressões espirituais. A interligação entre essas linhas, os orixás e os santos católicos, é um reflexo da história plural da umbanda. Ao reconhecer essa diversidade e abrir-se a interpretações mais amplas, a umbanda se afirma como uma religião que celebra a pluralidade e abraça a multiplicidade cultural de suas raízes.

# PARTE 2

# LINHAS DE TRABALHO

## O CORAÇÃO DAS LINHAS – A TRAMA ESPIRITUAL DA UMBANDA

**NO CAMINHO DA UMBANDA**, cada entidade é mais que um guia; é um **elo vivo** entre o mundo visível e o invisível, a história que se desdobra em nossas vidas. À medida que avançamos para esta nova parte do livro, convidamo-lo a mergulhar fundo nas **linhas de trabalho espiritual,** que são o coração e a alma da umbanda. Essas linhas carregam o pulsar de um povo, o abraço da ancestralidade e o brilho de uma espiritualidade vasta como o próprio Brasil.

Agora você será conduzido pelas mãos de **Caboclos**, **Pretos-Velhos**, **Crianças** e **Exus**. Eles são guardadores de histórias, e cada um traz, em sua essência, não só a sabedoria do plano espiritual, mas também as memórias dos que caminharam antes de nós. Cada linha é uma fibra da alma do Brasil, uma força espiritual que acolhe, ensina e cura de uma forma única.

Pense em cada linha de trabalho espiritual como um **fio de luz**, que se entrelaça com outros para tecer a trama viva da umbanda. Cada fio tem sua própria cor, seu próprio ritmo, mas juntos eles formam um manto que nos envolve e nos guia. Em cada Caboclo, você sentirá a força de quem cuida da terra; em cada Preto-Velho, encontrará a serenidade e a sabedoria dos que superaram as dores e as transformaram em luz; nas Crianças, verá a alegria pura e o amor incondicional; e nos Exus, descobrirá a coragem de quem caminha sem medo pelas encruzilhadas.

Enquanto lê estas páginas, imagine-se pisando na terra batida de um terreiro, onde as entidades dançam ao seu redor, cada uma contando sua própria história. Ouça o pulsar dos atabaques, sinta o cheiro das ervas que purificam o ambiente e deixe-se envolver pela energia que emana de cada linha espiritual. Não estamos falando apenas de arquétipos; estamos falando de **companheiros** de jornada, **mentores espirituais** e **guardiões de segredos ancestrais**.

Cada linha que você encontrará a seguir é mais do que uma manifestação espiritual; é uma **ponte que atravessa o tempo**, que conecta seu coração ao das gerações que vieram antes e das que ainda virão.

É aqui que a umbanda se revela em sua plenitude, com todo o esplendor e toda a beleza de suas linhas de trabalho espiritual. Abra o coração e permita que estas próximas páginas o conduzam ao **ponto mais profundo dessa jornada**, em que cada linha espiritual brilha com a força de mil vozes e o calor de mil histórias.

LINHAS PILARES DA TRADIÇÃO:

# CABOCLOS, PRETOS-VELHOS E CRIANÇAS

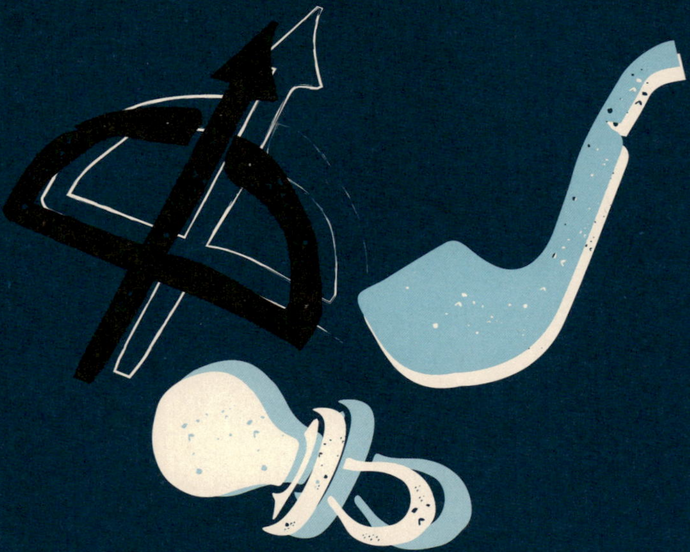

No coração da umbanda, encontramos Caboclos, Pretos-Velhos e Crianças, as entidades que carregam a força das nossas raízes. Os Caboclos trazem a sabedoria ancestral das florestas, representando os povos originários e sua conexão íntima com a natureza. São eles que nos ensinam a olhar para o solo sagrado sob nossos pés e a compreender a vida em harmonia com os ciclos naturais. Já os Pretos-Velhos, com sua fala mansa e repleta de experiência, carregam as histórias de luta, resistência e superação do povo africano, sendo a personificação da paciência e da resiliência. Além de curarem, eles nos ensinam a importância de viver com humildade e sabedoria enquanto lentamente despertamos para profundas questões sociais a que somos chamados e para honrar essas ancestralidades. Por fim, as Crianças, com sua pureza e inocência, nos mostram o caminho de volta à essência, trazendo leveza e alegria a corações cansados.

A generosidade desses espíritos está em sua capacidade de nos acolher exatamente como somos, respeitando nossa história e nosso processo. Eles nos abraçam com a força de suas tradições, conectando-nos ao passado e iluminando nosso caminho no presente. Ao caminhar com eles, somos convidados a despertar nossa própria ancestralidade e a receber o amor incondicional que vem de tempos imemoriais.

# CAPÍTULO 7

# LINHA DOS CABOCLOS

## O CHAMADO DAS FLORESTAS E A SABEDORIA ANCESTRAL DOS POVOS ORIGINÁRIOS

**NOS TERREIROS DE UMBANDA**, quando um Caboclo chega, traz muito mais do que palavras e conselhos espirituais. Ele carrega o peso de uma ancestralidade profunda, que encontra suas raízes nos povos originários do Brasil e nas florestas que eles sempre chamaram de lar. Esse espírito, com falas diretas e passos firmes, é um guardião das terras, das águas e de uma maneira de viver que, embora antiga, é urgente e necessária para o mundo de hoje.

Ailton Krenak, no livro *Ideias para adiar o fim do mundo*, alerta para a desconexão crescente da humanidade com a natureza, e como isso nos empurra para uma crise sem precedentes. Segundo Krenak, "não é a natureza que precisa ser salva, mas, sim, nós que precisamos ser salvos por ela". É esse tipo de mensagem que um Caboclo nos oferece, ao lembrar que nosso bem-estar está intrinsecamente ligado à saúde da Terra. Ele se manifesta para **provocar** e **educar**, ensinando que a cura espiritual é também uma cura para nossa relação com o meio ambiente.

Os Caboclos são, em essência, um reflexo da sabedoria ancestral dos povos indígenas, como os yanomami, cujas tradições são preservadas por líderes como Davi Kopenawa Yanomami. Kopenawa fala, em *A queda do céu*, sobre o papel dos espíritos e da floresta como entidades vivas que precisam ser respeitadas e protegidas. Na presença de um Caboclo, ouvimos essa mesma reverberação: ele não é apenas um espírito guerreiro, é um **guardião das florestas** que nos lembra de que, ao esquecermos essa relação, esquecemos nossa própria humanidade. Cada vez que um Caboclo se manifesta, ele é uma ponte entre o visível e o invisível, entre o humano e o natural, reforçando a ideia de que a vida é um ciclo interdependente em que cada elemento tem sua função e importância.

## A TERRA COMO ORGANISMO VIVO: A COSMOVISÃO INDÍGENA

Para Kaká Werá Jecupé, em *A terra dos mil povos*, o entendimento indígena de que "a Terra é um organismo vivo" não é uma metáfora, mas uma realidade prática e espiritual. Quando um Caboclo fala sobre a importância de respeitar a natureza, não está apenas defendendo a preservação ambiental. Está nos convidando a ver a Terra como algo que respira e vive, um ser consciente que nos oferece tudo de que precisamos e, em troca, nos pede apenas respeito e cuidado. Essa visão é radicalmente diferente da ideia ocidental de exploração e domínio, e os Caboclos estão aqui para nos lembrar disso.

No terreiro, cada palavra de um Caboclo carrega a força de uma proposta civilizatória alternativa, que valoriza o **coletivo**, o **compartilhado** e o **respeito ao equilíbrio natural**. Em um mundo que se alimenta do consumo e do desperdício, os Caboclos nos lembram da importância de colher apenas o necessário, de não esgotar a vida ao nosso redor. Eles nos chamam a abandonar o olhar predatório sobre o mundo e a adotar uma visão de **integração e responsabilidade**.

Assim como os povos originários respeitam e honram a natureza, o Caboclo nos convida a **caminhar lado a lado** com a Terra, e não acima dela.

Os Caboclos são também um chamado à **conscientização social**. A luta dos povos indígenas do Brasil, que resistem ao avanço da exploração e ao desmatamento de suas terras, é mais do que uma questão territorial. É uma luta pela própria **sobrevivência da vida** como um todo. Davi Kopenawa afirma que, ao destruirmos a floresta, estamos ameaçando a existência de todos, pois "sem floresta, o céu cai". Essa visão se traduz na umbanda como uma responsabilidade espiritual: se os Caboclos são espíritos da floresta, então o que acontece à floresta acontece também a eles e, por extensão, a nós.

A cada manifestação, o Caboclo nos lembra de que sua presença espiritual está vinculada à preservação dos recursos naturais e à defesa dos direitos dos povos indígenas. Ele é o eco de todos os que já lutaram e lutam para proteger suas terras e seus modos de vida. O Caboclo, com sua força e sabedoria, é uma **testemunha viva** da resistência indígena. Ele é um elo que nos une a essas lutas e nos desafia a não as ignorar.

## A UMBANDA COMO ESPAÇO DE CONSCIENTIZAÇÃO E AÇÃO

Os terreiros de umbanda são tanto locais de cura espiritual como espaços de **educação e transformação social**. Ao ouvir as palavras de um Caboclo, o praticante é convidado a refletir sobre seu papel como **guardião da Terra**. A espiritualidade dos Caboclos é uma espiritualidade de ação, que nos encoraja a sermos mais do que simples espectadores. Ela nos chama a participar ativamente da preservação do legado indígena e a sermos aliados na luta por respeito e dignidade.

O Caboclo nos mostra que a prática religiosa não pode ser separada da responsabilidade ambiental e social. Na umbanda, ele se torna uma voz que educa o praticante sobre a importância de honrar as raízes indígenas que formam este país.

**Ailton Krenak** nos lembra de que "não temos mais tempo para negligenciar o papel essencial dos povos originários como protetores de uma sabedoria vital". E os Caboclos, com sua presença imponente e silenciosa, são a personificação dessa sabedoria, que nos ensina que não há espiritualidade verdadeira sem respeito à Terra e aos seus primeiros habitantes.

## UMA PROPOSTA CIVILIZATÓRIA PARA O FUTURO

Em um mundo cada vez mais marcado pela destruição ambiental e pela perda de conexões humanas, os Caboclos oferecem uma **alternativa civilizatória**. Eles nos convidam a imaginar um futuro em que o respeito pela natureza e pelas culturas originárias seja a base de uma nova sociedade. Ao olharmos para os Caboclos, vemos não apenas guias espirituais, mas também **proponentes de um novo modo de vida** que rejeita o individualismo e valoriza a interdependência.

Os Caboclos, com suas falas diretas e cheias de sabedoria, nos levam a refletir: como podemos, como indivíduos e como sociedade, integrar os ensinamentos dos povos indígenas e construir um mundo mais justo e equilibrado? Quando ouvimos um Caboclo, estamos recebendo um convite para nos reconectarmos com nossas próprias raízes, para nos lembrarmos de que somos todos parte de um ciclo maior de vida.

## O DESPERTAR DA CONSCIÊNCIA RELIGIOSA

Ao final de cada sessão, o Caboclo nos deixa com uma pergunta silenciosa: **qual é o nosso papel?**

Ele nos alerta de que a luta pela preservação da cultura indígena e da natureza é uma responsabilidade de todos. Ao participar de um terreiro, cada um de nós é chamado a integrar essa luta em sua prática espiritual. Porque, na umbanda, a espiritualidade e a ação caminham de mãos dadas.

Em última análise, os Caboclos nos oferecem uma visão de mundo que transcende o terreiro. Eles são a voz de uma espiritualidade que busca **preservar, educar e transformar**. Eles são os guardiões de uma sabedoria que não pertence a um único povo, mas a toda a humanidade. Cada vez que um Caboclo se manifesta, ele nos lembra de que somos responsáveis por honrar essa herança e garantir que ela continue a guiar as futuras gerações.

# CABOCLOS E A CONSCIÊNCIA ECOLÓGICA: A SABEDORIA DOS POVOS ORIGINÁRIOS E A PRESERVAÇÃO DO FUTURO

## O CHAMADO DA TERRA: ENTRE CABOCLOS E ANCESTRALIDADE

**O QUE SIGNIFICA** honrar a natureza em um mundo cada vez mais desconectado de suas raízes? O que representa o Caboclo, essa entidade que encarna tanto a força espiritual quanto a memória ancestral dos povos indígenas? Os Caboclos são mais que figuras místicas na umbanda; eles são guardiões de uma sabedoria antiga, que ecoa a ligação profunda entre o homem e a Terra. A cada manifestação, eles nos lembram de algo essencial: não somos superiores ao mundo natural, somos parte dele.

Ailton Krenak, em *Ideias para adiar o fim do mundo*, desafia-nos a repensar nossa relação com a natureza: "A Terra não precisa de nós; nós é que precisamos dela". Para os Caboclos, essa afirmação é mais que um lembrete, é uma verdade vivida. A Terra, para eles, é a mãe que nutre, o chão que sustenta e o céu que abriga. Como, então, podemos dizer que somos espirituais se continuamos a negligenciar essa conexão fundamental?

A cada passo de um Caboclo no terreiro, somos convidados a redescobrir essa relação. E o convite é simples, mas profundo: podemos realmente nos considerar espirituais enquanto destruímos o que é sagrado? Essa é uma pergunta que reverbera na cosmovisão indígena, em que a espiritualidade está entrelaçada com o respeito à natureza. Para os povos originários, como os yanomami, a floresta não é somente um cenário, mas uma extensão de seu ser. Davi Kopenawa expressa isso claramente em *A queda do céu*, livro em que descreve a floresta como "o espírito da nossa vida". Na presença dos Caboclos, somos lembrados de que a espiritualidade autêntica é inseparável da preservação da vida natural.

## OS CABOCLOS COMO GUARDIÕES DA CONSCIÊNCIA ECOLÓGICA

Na umbanda, o respeito à natureza não é um conceito moderno; é uma prática antiga. Os Caboclos, como representantes dos povos indígenas, incorporam uma ecologia espiritual que precede o termo "sustentabilidade". Eles são, em muitos aspectos, **guardiões ecológicos**. Quando um Caboclo nos instrui a respeitar as árvores, a reverenciar as águas e a valorizar as ervas, está nos ensinando algo que vai além da preservação ambiental. Está nos mostrando um **modo de vida**, uma forma de estar no mundo que não apenas consome, mas também participa ativamente do ciclo de vida.

Como Kaká Werá Jecupé afirma em *A terra dos mil povos*, "a Terra é nossa extensão espiritual". Na prática da umbanda, esse entendimento se traduz em rituais que honram o ambiente natural e nos chamam à responsabilidade. Se os Caboclos são um eco dos povos originários, então a pergunta que devemos fazer é: estamos dispostos a ouvir? A ouvir verdadeiramente o que a Terra nos diz, ou vamos continuar a ignorar seu chamado?

Quando reverenciamos Oxóssi, o orixá das matas, estamos também reverenciando os ensinamentos indígenas que dizem que a natureza é nossa aliada, não nossa serva. Mas será que estamos realmente prontos para integrar essa visão em nossas vidas diárias? Ou ainda vemos a espiritualidade como algo separado do nosso impacto no mundo? Essa é a reflexão que os Caboclos nos pedem, e ignorá-la é fechar os olhos para a essência do que significa ser parte da Terra.

## A ESPIRITUALIDADE DOS POVOS INDÍGENAS E A PROPOSTA CIVILIZATÓRIA DOS CABOCLOS

Para os povos indígenas, a Terra é sagrada. Ela é mãe, é corpo, é espírito. Essa visão se manifesta nos Caboclos, que trazem consigo o entendimento de que viver espiritualmente é viver em harmonia com a natureza. Davi Kopenawa descreve a destruição da floresta como uma "ferida na Terra", uma ferida que sangra e ameaça toda a vida. Se reconhecermos que os Caboclos são um reflexo desse entendimento, qual é o nosso papel na preservação dessa sabedoria? Como podemos nos autodenominar praticantes espirituais se não estamos engajados na proteção do que é sagrado para esses espíritos?

Os Caboclos, com seu conhecimento das plantas e das matas, oferecem uma **proposta civilizatória** que vai além do consumo e da exploração. Eles representam um convite para imaginar um futuro em que a espiritualidade não é um refúgio, mas uma **prática transformadora**. Eles nos lembram de que a verdadeira evolução espiritual é inseparável da preservação da natureza. E, mais importante, eles nos desafiam a adotar uma visão de mundo na qual o bem-estar do planeta seja tão prioritário quanto o bem-estar individual.

Essa proposta é radical, porque exige que mudemos, reconsideremos nossas prioridades e vejamos o mundo como um ser vivo e interconectado. Como afirma Krenak, "precisamos parar de ver a Terra como um objeto de consumo e começar a vê-la como nossa parceira na jornada da vida". Se os Caboclos podem nos ensinar algo, é que a espiritualidade verdadeira não se manifesta nos altares e nos rituais, mas na forma como cuidamos do mundo ao nosso redor.

## PERGUNTAS PARA UMA NOVA CONSCIÊNCIA

A cada passo dado, cada planta reverenciada, os Caboclos nos fazem perguntas silenciosas: estamos dispostos a nos reconectar? Ou estamos presos a uma visão de mundo que prioriza o lucro sobre a vida? Quando vemos um rio poluído, podemos realmente ignorar o que isso significa para nossa própria alma? Na umbanda, o sagrado é inseparável do mundo natural, e cada vez que um Caboclo se manifesta, ele nos desafia a ver essa verdade. Podemos realmente viver em paz enquanto destruímos o que é sagrado?

Essas perguntas são feitas não para nos culpar, mas para nos despertar. Elas nos lembram de que a verdadeira espiritualidade exige **responsabilidade**. Se os Caboclos nos ensinam que a floresta é sagrada, nosso dever é proteger essa sacralidade com todos os recursos que temos. A pergunta final, então, é: como escolhemos agir a partir desse entendimento? Estamos prontos para ouvir e responder ao chamado?

## UM CHAMADO À AÇÃO E À TRANSFORMAÇÃO

Se a presença dos Caboclos nos ensina algo, é que a espiritualidade não pode ser dissociada do cuidado com o mundo natural. O momento de agir é agora, e o caminho está claro: cuidar da Terra é cuidar de nós mesmos. Que compromissos estamos dispostos a assumir? Podemos continuar a celebrar os rituais e a entoar os cânticos, mas, se isso não se traduz em ações concretas, estamos perdendo a essência do que significa ser espiritual.

CAPÍTULO 9

# OS CABOCLOS: RITUAIS, FERRAMENTAS E O MISTÉRIO ENCANTADO DAS MATAS

**OS CABOCLOS DA UMBANDA** são figuras que transcendem o arquétipo simplista de guerreiros indígenas. Eles são **forças de natureza viva**, manifestam-se para além do simbolismo, como verdadeiras extensões das matas e dos rios que personificam. Nos terreiros, sua presença é um lembrete constante de que o mundo espiritual não está dissociado do mundo físico, mas se entrelaça com ele em cada folha, pedra e sopro do vento.

O que torna a ritualística dos Caboclos fascinante é o modo como integram elementos naturais de maneira **quase orgânica**. Eles não somente manipulam as ervas, as pedras e as águas; **eles as evocam**. Em cada movimento, há uma intenção precisa, uma sinergia com as forças que estão além do humano. Luiz Antônio Simas, em *O corpo encantado das ruas*, descreve os Caboclos como "portadores de uma força que não é apenas mística, mas visceral, tangível, ligada ao barro e à mata" (Simas, 2018). Nos rituais, essa força se manifesta de forma intensa, como uma presença que ocupa todos os cantos do terreiro.

## A INSÍGNIA DA TERRA: FERRAMENTAS E SÍMBOLOS

Os Caboclos fazem uso de instrumentos que carregam em si **significados ancestrais**. Não é apenas a presença do arco ou do maracá, mas o que cada objeto invoca. O maracá, sacudido de forma ritmada, é mais do que um chocalho: é o **chamado dos espíritos**, uma maneira de convocar as forças ancestrais das matas para estarem presentes no ritual. Carlos Eugênio Marcondes de Moura, em *Povo de santo*, explica que "o maracá é usado para abrir caminhos no mundo espiritual, cada sacudida ecoa como um chamado" (Marcondes de Moura, 1990). Esse gesto, aparentemente simples, carrega a profundidade do mistério de invocar o que não se vê, mas se sente. Os Caboclos também desenham **pontos riscados** com pemba no chão, símbolos que traçam mapas espirituais invisíveis, conectando o terreiro às forças da natureza.

Cada ponto é único, carregando os segredos e a essência do Caboclo que o traça. Esses pontos revelam não só o campo de atuação, mas também a força e o tipo de energia que será movimentada. Ao riscar o ponto, o Caboclo tanto delimita o espaço sagrado quanto **traz ao plano físico uma representação tangível do seu poder espiritual**.

## RITUAIS DE CURA E PODER: O TOQUE DOS CABOCLOS

Os Caboclos são conhecidos por suas habilidades de cura, que vão além daquilo que a medicina pode explicar. Eles aplicam **passes** com uma precisão quase cirúrgica, utilizando as mãos e as folhas para manipular energias sutis e densas. Não se trata apenas de limpeza, é **reconstrução energética**. A cada passe, o Caboclo realinha não só o corpo, mas também o espírito, como se estivesse tecendo novamente os fios de uma trama sutil que foi danificada.

O uso do **tabaco** na forma de charuto ou cachimbo não é uma aleatoriedade, mas um componente essencial. Ao soprar a fumaça sobre o consulente, o Caboclo desfaz bloqueios energéticos, retira cargas pesadas e harmoniza as camadas do corpo bioenergético. Como bem observou Marcondes de Moura, "a fumaça é mais do que um veículo; é um mensageiro espiritual que leva embora aquilo que já não serve" (Marcondes de Moura, 1990). A fumaça penetra e transforma, materializando no ar o ato de purificação.

Os banhos preparados pelos Caboclos também têm um papel central, não pela limpeza que proporcionam, mas pelo **reconhecimento dos poderes naturais**.

Ao colher uma folha, o Caboclo está ciente de seu espírito e do seu potencial. Ele sabe que, ao preparar um banho, não está somente misturando elementos, mas reunindo forças específicas que se combinam para atuar no corpo espiritual.

## A LINGUAGEM DO CORPO: GESTOS E POSTURAS DOS CABOCLOS

Cada Caboclo tem uma linguagem corporal própria, que reflete suas origens e o arquétipo que representa. Alguns se apresentam curvados, próximos ao chão, como se carregassem o peso das raízes ancestrais. Outros erguem o rosto e o peito, chamando o céu como quem dialoga diretamente com as forças celestiais. Luiz Antonio Simas menciona que "os gestos dos

Caboclos são gestos antigos, carregados de memória, quase uma dança ritualística que reafirma a ligação entre o corpo e a terra" (Simas, 2018).

Ao bater no peito, um Caboclo expressa sua firmeza e seu comprometimento, enquanto o olhar penetrante revela a clareza espiritual. Não há gestos em vão. Cada movimento, cada posição, é parte de um ritual que encarna o sagrado no plano físico.

## A SABEDORIA ANCESTRAL E O CUIDADO COM A TERRA

Para os Caboclos, a conexão com a natureza é intrínseca à sua essência. Eles não só falam da Terra; **eles são a Terra**. A reverência que demonstram pelas plantas, pedras e águas é um reflexo de um conhecimento que transcende o tempo. Os Caboclos são guias e também zeladores de uma sabedoria que ensina a coexistir com o ambiente. Essa sabedoria ancestral é transmitida nos detalhes, como a forma cuidadosa como colhem as ervas ou tocam o solo.

Os Caboclos frequentemente sugerem que os praticantes passem um tempo na natureza, para entender por experiência própria o que significa ser parte do todo. Ao se sentar ao pé de uma árvore ou se banhar em um rio, o praticante é convidado a experimentar a presença espiritual dos Caboclos fora do terreiro, onde a energia é mais pura e direta. **Essa relação direta com o ambiente natural é uma das marcas mais profundas dos Caboclos**, que atuam não apenas como guias, mas também como pontes entre o humano e o natural.

## CURIOSIDADES E MANIFESTAÇÕES SINGULARES

Os Caboclos são conhecidos por suas particularidades. Cada um tem sua preferência por determinadas ervas, bebidas e até comidas que oferecem durante os rituais. Por exemplo, **Caboclo Pena Branca** pode preferir folhas de alecrim e trabalhar com a vibração de águas calmas, enquanto **Caboclo Sete Flechas** se manifesta em meio a folhas de arruda e guiné, evocando uma força mais combativa. Essa diversidade reflete a pluralidade de conhecimentos e experiências acumuladas em suas trajetórias espirituais.

É comum que os Caboclos escolham trabalhar apenas em certos dias ou horários específicos, respeitando ciclos naturais e lunares. Alguns preferem se manifestar durante o entardecer, como se estivessem puxando a energia do crepúsculo, enquanto outros são atraídos pela vibração tranquila das manhãs. Essa variação dá ao terreiro um **ritmo vivo**, que segue o calendário humano mas também o tempo da Terra.

## O PAPEL DOS CABOCLOS NA EXPANSÃO DA CONSCIÊNCIA ESPIRITUAL

Os Caboclos são **educadores** que ensinam a relação com o invisível através do visível. Eles nos mostram que a natureza não é um cenário, mas um participante ativo na construção do sagrado. Com eles, aprendemos que cada folha, cada pedra, cada gota de água contém um mundo em si. Esse aprendizado, além de expandir a espiritualidade, ensina o respeito profundo por tudo o que vive.

Ao final de cada ritual, os Caboclos deixam impressos a sua força e o seu conselho, muitas vezes de maneira silenciosa, sutil. Eles nos desafiam a **olhar para dentro e para fora**, a questionar nossa relação com o ambiente e com nós mesmos. Com eles, a umbanda não é só um caminho espiritual, mas um caminho de integração, em que cada elemento é honrado e reconhecido como parte essencial do todo.

## CURIOSIDADES RÁPIDAS

Escolhi vinte nomes de Caboclos e Caboclas mais comuns. Observe que esses nomes refletem a **variedade de atributos e forças** que cada Caboclo e Cabocla traz ao terreiro. Eles simbolizam aspectos da natureza e da ancestralidade indígena, destacando a conexão profunda com elementos como **matas, águas, estrelas, montanhas** e **animais sagrados,** bem como de etnias originárias. A escolha de cada nome revela também as características e o estilo de trabalho espiritual de cada entidade.

| CABOCLOS | CABOCLAS |
|---|---|
| Caboclo Sete Flechas | Cabocla Jurema |
| Caboclo Pena Branca | Cabocla Iara |
| Caboclo Tupinambá | Cabocla Jandira |
| Caboclo Ubirajara | Cabocla Jupira |
| Caboclo Cobra Coral | Cabocla Indaiá |
| Caboclo Rompe-Mato | Cabocla das Sete Matas |
| Caboclo Ventania | Cabocla Ubiraci |
| Caboclo Arranca-Toco | Cabocla Potyara |
| Caboclo Tupi | Cabocla da Praia |
| Caboclo Roxo | Cabocla Iracema |
| Caboclo Pedra Preta | Cabocla Tupinambá |
| Caboclo Folha Verde | Cabocla Jacira |
| Caboclo Águia Branca | Cabocla Jussara |
| Caboclo Aimoré | Cabocla Potira |
| Caboclo Sete Estrelas | Cabocla das Sete Pedreiras |
| Caboclo Guaracy | Cabocla Janaína |
| Caboclo Sete Montanhas | Cabocla Jupiara |
| Caboclo Urubatão da Guia | Cabocla da Mata |
| Caboclo Guarani | Cabocla Paraguaçu |
| Caboclo Arariboia | Cabocla da Cachoeira |

| ELEMENTO | USO NO TERREIRO | SIGNIFICADO ESPIRITUAL |
|---|---|---|
| Ervas (samambaia, sálvia, alecrim) | Usadas em banhos, defumações e passes. | Purificação, proteção e cura energética. |
| Charuto/cachimbo | Fumados para dispersar energias densas e harmonizar o ambiente. | Conexão espiritual, limpeza e proteção. |
| Pemba (giz sagrado) | Usada para desenhar pontos riscados no chão. | Delimitação do espaço sagrado e invocação de forças espirituais. |
| Maracá | Agitado para invocar entidades e marcar ritmo. | Invocação de proteção e abertura de caminhos. |
| Cristais e pedras | Colocados em altares e no chão para fortalecer a energia espiritual. | Estabilidade, amplificação energética e cura. |
| Velas | Acendidas para atrair a energia dos orixás e iluminar o trabalho espiritual. | Representação das forças divinas e iluminação espiritual. |
| Folhas secas | Queimadas em defumações para limpeza espiritual. | Proteção contra energias negativas. |
| Água de cachoeira | Usada em rituais de limpeza e para fortalecer a energia do consulente. | Purificação, renovação e ligação com Oxum. |
| Espada-de-são-jorge | Colocada próxima ao altar ou utilizada em rituais de proteção. | Defesa contra forças negativas e fortalecimento espiritual. |
| Arco e flecha | Segurado ou posicionado próximo ao Caboclo durante a incorporação. | Força, precisão e ligação com Oxóssi. |
| Batão ou cajado | Empregado para traçar pontos no chão e simbolizar a presença do Caboclo. | Autoridade espiritual e ligação com a terra. |
| Cocar de penas | Usado na cabeça ou próximo ao Caboclo, especialmente durante rituais. | Representação da ancestralidade indígena e conexão com a natureza. |
| Quartzo verde | Frequentemente utilizado em trabalhos de cura e equilíbrio. | Cura, harmonia e fortalecimento da energia vital. |
| Espelho | Colocado no altar para refletir e amplificar energias. | Autorreflexão e proteção contra energias negativas. |
| Pau-brasil | Peça de madeira colocada no altar ou usada em rituais específicos. | Conexão com a natureza e força da árvore sagrada. |
| Bebidas (cerveja, vinho, cachaça) | Ofertadas no altar e usadas para fortalecer o laço com a entidade. | Partilha, força espiritual e oferenda. |
| Espada-de-ogum | Utilizada em rituais de corte de demanda e defesa espiritual. | Proteção e atuação combativa. |
| Estatuetas de animais (onça, águia) | Colocadas no altar como representação dos guias animais. | Força, instinto e conexão com o reino animal. |
| Frutas (maçã, coco, banana) | Ofertadas para fortalecer a energia do trabalho e honrar a natureza. | Fartura e comunhão com a natureza. |
| Penas coloridas | Usadas no altar ou como adereço do Caboclo. | Ligação com o ar e a liberdade espiritual. |

Ao final deste capítulo, fica o convite: o que você fará para honrar a Terra e os ensinamentos que os Caboclos têm a oferecer? Está pronto para olhar para a floresta e ver nela uma parte essencial de sua própria espiritualidade? Porque, na umbanda, o sagrado é também a natureza, e cuidar dela é cuidar de si mesmo. Os Caboclos não esperam que sejamos perfeitos, mas, sim, que sejamos conscientes e comprometidos. E, ao respondermos ao seu chamado, encontramos uma espiritualidade que é viva, autêntica e profundamente conectada ao coração da Terra.

SARAVÁ, CABOCLOS, OKÊ, CABOCLOS!!!

# CAPÍTULO 10

# LINHA DOS PRETOS-VELHOS

## PRETO-VELHO: QUILOMBO ESPIRITUAL E REFÚGIO ANCESTRAL

IMAGINE um terreiro. Uma pequena fogueira se acende enquanto o tambor ressoa em ritmos ancestrais. A fumaça sobe em espirais, carregando com ela o cheiro de arruda e guiné, invocando os espíritos que ali fazem morada. É nesse momento que ele chega, com passos lentos e firmes, a voz rouca e acolhedora ecoando na escuridão: é o **Preto-Velho**, guardião das memórias e das lutas que os povos africanos travaram desde os tempos da escravidão. Sua presença transforma o terreiro em um **quilombo espiritual**, um espaço onde se respira liberdade, resistência e acolhimento.

Ao pensarmos nos Pretos-Velhos, somos transportados para a realidade brutal da diáspora africana. Nêgo Bispo, um pensador da luta quilombola contemporânea, ressalta que o quilombo é mais que um lugar físico: é um **território de resistência** e de afirmação da identidade negra. Para Bispo, os quilombos são também "territórios de possibilidades", onde o conhecimento e a espiritualidade se entrelaçam para oferecer proteção contra a violência do sistema colonial que, por séculos, tentou apagar a cultura e a espiritualidade dos povos africanos trazidos para o Brasil como escravos.

No contexto da umbanda, o Preto-Velho personifica esse mesmo espírito de resistência e ancestralidade. Ao evocarmos sua figura, nos deparamos com o legado dos africanos que chegaram ao Brasil, em sua maioria de Angola e, mais tarde, da Nigéria. Vagner Gonçalves Silva explora essa diáspora e como os africanos transplantaram suas práticas culturais e espirituais para um novo continente. De Angola vieram os bantus, que trouxeram uma cosmovisão conectada aos ancestrais e à natureza, mas não aos orixás, como se verá mais tarde. Os bantus, então, lançaram as bases do que se tornaria a religiosidade afro-brasileira, com foco na ancestralidade e na força espiritual.

Mais tarde, os escravizados iorubás da Nigéria introduziriam o culto aos **orixás**, que enriqueceria a tradição espiritual afro-brasileira, formando um complexo espiritual em que conviveriam tanto os cultos dos deuses quanto o respeito aos ancestrais. Nessa rica tapeçaria espiritual, os Pretos-Velhos representam os antigos escravizados que, mesmo após a morte, continuam a oferecer sua sabedoria e sua força para aqueles que buscam consolo e orientação.

Os Pretos-Velhos nos ensinam que o terreiro é um refúgio, um lugar onde a dor da escravidão é transformada em força espiritual. Enquanto os quilombos históricos eram espaços de resistência física, os terreiros de hoje são **quilombos espirituais**, onde as pessoas podem se reconectar com suas raízes, aprender com os mais velhos e encontrar coragem para enfrentar as injustiças atuais.

Bispo enfatiza que o quilombo é também "um espaço de pedagogia", onde os ensinamentos sobre dignidade e resistência são transmitidos para as novas gerações. Assim, o terreiro se torna uma escola de vida, na qual a memória coletiva é continuamente renovada e transmitida.

Ao olhar para o Preto-Velho, vemos não só a figura do conselheiro espiritual, mas também um símbolo de **resiliência e superação**. Ele é a personificação da luta contra o racismo e o racismo religioso, que ainda hoje permeiam a sociedade brasileira.

A presença de Pretos-Velhos no terreiro é uma resposta silenciosa, porém poderosa, à violência e à discriminação que as religiões afro-brasileiras enfrentam. A umbanda foi construída como uma forma de resistência cultural; nela os africanos e seus descendentes puderam manter viva sua espiritualidade, mesmo diante de tentativas incessantes de apagamento.

O **terreiro de umbanda** torna-se, assim, mais que um local de culto; é um quilombo do espírito, onde as energias se renovam e a ancestralidade é reverenciada.

Os Pretos-Velhos nos convidam a refletir sobre a nossa própria relação com o passado e as forças que nos moldaram. Eles nos ensinam que a verdadeira liberdade vem de uma compreensão profunda das nossas raízes e de um compromisso firme com a nossa identidade e dignidade.

Cada gesto e cada palavra de um Preto-Velho é um lembrete de que, assim como os quilombos do passado, os terreiros são espaços de transformação e resistência, onde o conhecimento dos ancestrais é passado adiante, tornando-se uma arma contra a opressão e uma fonte inesgotável de força. Eles nos lembram de que, enquanto existirem pessoas dispostas a manter a memória viva, o espírito de resistência jamais se apagará.

# CAPÍTULO 11

# CONTEXTO HISTÓRICO: ESCRAVIDÃO, ANGOLA E NIGÉRIA NA FORMAÇÃO DO PRETO-VELHO

QUANDO OS PRIMEIROS AFRICANOS foram forçados a deixar suas terras e embarcaram nos navios negreiros rumo às Américas, trouxeram mais que memórias e saudades; também vieram sua **cultura, religião e cosmovisão**. No caso do Brasil, estima-se que mais de cinco milhões de africanos tenham sido trazidos como escravos, tornando o país o maior destino de africanos escravizados durante o período da escravidão transatlântica. A maioria desses africanos, especialmente nos primeiros séculos, era de origem bantu, proveniente de regiões que hoje correspondem a **Angola, Congo e Moçambique**.

Os bantus trouxeram uma espiritualidade fundamentada na **ancestralidade e na conexão com a natureza**, diferindo do culto aos Orixás, que mais tarde viria com os povos iorubás da Nigéria. Na visão bantu, o conceito **Bakongo** de "**Kalunga**" representa o equilíbrio do mundo físico e espiritual, em que a vida e a morte estão interligadas como parte de um mesmo ciclo. Assim, a reverência aos ancestrais, aqueles que já atravessaram a "Kalunga", era uma prática essencial e constante.

## A ESPIRITUALIDADE BANTU E O CONCEITO DE ANCESTRALIDADE

No Brasil, a **cosmovisão bantu** influenciou profundamente o desenvolvimento da espiritualidade afro-brasileira. Para os bantus, a vida é uma continuidade do mundo ancestral, e os **ancestrais** estão sempre presentes e atuantes na vida cotidiana. Esse conceito é central para o arquétipo do Preto-Velho na umbanda, o qual representa o ancião sábio, o espírito que oferece conselhos e direcionamentos, mantendo viva a memória e a cultura africana. O foco não eram deuses específicos, mas uma espiritualidade que valorizava a comunhão com o passado e a natureza, elementos que foram incorporados na umbanda como forma de honrar esses antepassados.

As práticas bantus também incluem o uso de **ervas medicinais**, cânticos e danças em rituais de cura, aspectos que se tornaram pilares das manifestações dos Pretos-Velhos. Vagner Gonçalves Silva, em suas pesquisas, aponta como a **umbanda se tornou uma religião de acolhimento**, reunindo esses elementos ancestrais bantus e, mais tarde, misturando-os com influências de outras religiões, incluindo o catolicismo, o espiritismo e o culto aos orixás.

## A INFLUÊNCIA DOS ORIXÁS E O PAPEL DOS POVOS IORUBÁS

Foi com a chegada de povos iorubás, originários da **Nigéria e do Benim**, que o Brasil passou a conhecer os **orixás**, divindades ligadas aos elementos da natureza, como Xangô (fogo e justiça), Iemanjá (águas e maternidade) e Oxum (rios e fertilidade).

Esses povos trouxeram uma estrutura espiritual que incluía rituais complexos e o culto a divindades específicas, cada uma associada a determinadas forças naturais e sociais. O culto aos orixás complementou a espiritualidade bantu, que se concentrava nos antepassados e na natureza, introduzindo uma nova forma de se relacionar com o sagrado.

Com o tempo, essas tradições se fundiram, criando um mosaico espiritual único. Na umbanda, por exemplo, é comum encontrar Pretos-Velhos que trabalham em conjunto com entidades associadas a orixás, o que demonstra a **plasticidade e a adaptabilidade** da religião afro-brasileira. Nêgo Bispo, em suas reflexões sobre a cultura quilombola, enfatiza que essa capacidade de absorver e transformar influências externas é uma das características mais poderosas das culturas africanas, que não se veem como vítimas da história, mas como **agentes de resistência e reinvenção**.

## O SINCRETISMO E A FORMAÇÃO DA UMBANDA

Essa convergência de práticas bantus e iorubás no Brasil foi essencial para a formação da **umbanda**. A religião se estruturou como um espaço em que espíritos de antigos escravizados (os Pretos-Velhos), Caboclos (espíritos indígenas) e outras entidades poderiam atuar juntos, cada um com a força e os ensinamentos de suas próprias tradições.

A umbanda se apresenta, assim, como uma **resposta de resistência cultural**, uma maneira de preservar e revitalizar a ancestralidade africana mesmo diante do processo de colonização e da escravidão. Os terreiros se tornaram refúgios espirituais onde as memórias e práticas desses ancestrais eram mantidas e protegidas, criando uma identidade religiosa que é, ao mesmo tempo, africana e brasileira.

Ao pensarmos na formação espiritual da umbanda, fica evidente como Angola e Nigéria não são apenas referências geográficas, mas partes vivas da herança espiritual afro-brasileira. Cada terreiro se torna um **quilombo espiritual**, onde o passado é lembrado e o futuro é cultivado através de práticas que honram -a memória e a luta dos povos africanos. Os **Pretos-Velhos**, com seu conhecimento ancestral e sua presença acolhedora, representam uma religião, assim como um elo de resistência e continuidade com o mundo ancestral.

# CAPÍTULO 12

# A DIMENSÃO TERAPÊUTICA E PSICOLÓGICA DOS PRETOS-VELHOS

**NO TERREIRO**, a presença dos Pretos-Velhos transcende o simples aconselhamento; representa uma verdadeira jornada de **cura emocional e reconexão** com o ser. Esses guias espirituais carregam a sabedoria de muitas vidas, como se fossem a manifestação viva de uma **consciência coletiva** que abarca toda a dor, a alegria, o aprendizado e a superação das gerações que viveram a diáspora africana.

Muniz Sodré aponta que o terreiro, além de um espaço espiritual, é um espaço de **construção do sujeito**, onde a prática religiosa promove uma reflexão profunda sobre o próprio ser. No contexto dos Pretos-Velhos, essa construção se dá por meio de uma **escuta ativa** e uma presença acolhedora, que cria um ambiente seguro para que os consulentes possam expressar suas dores e encontrar alívio. Para muitos, os Pretos-Velhos funcionam como "**terapeutas ancestrais**", que, com paciência e palavras sábias, oferecem conselhos que ressoam profundamente no inconsciente, despertando o autoconhecimento e a cura.

## A PSICOLOGIA ESPIRITUAL DA UMBANDA

A umbanda, com sua riqueza de arquétipos e simbolismos, oferece um campo fértil para o que Luiz Antonio Simas denomina "**psicologia espiritual**". Nessa visão, os Pretos-Velhos atuam como **mediadores entre o consciente e o inconsciente**, ajudando o consulente a acessar sentimentos e traumas que muitas vezes ficam ocultos, seja por vergonha, medo ou simplesmente por estarem soterrados no fundo da memória. Ao interagir com o Preto-Velho, o consulente entra em um estado que possibilita a abertura para questões existenciais e emocionais, muitas vezes reprimidas no cotidiano.

Os Pretos-Velhos utilizam uma linguagem que é, ao mesmo tempo, simples e **profundamente simbólica**. Eles empregam expressões e metáforas que conseguem **penetrar nas camadas mais ocultas do inconsciente**, resgatando memórias e sentimentos que talvez o consulente não estivesse pronto para acessar sozinho. É como se os Pretos-Velhos conhecessem o caminho para a cura, mas entendessem que cada pessoa tem seu próprio tempo e ritmo, respeitando o processo de cada um.

## PRETOS-VELHOS: CURADORES DE ALMAS

Os Pretos-Velhos são, de fato, curadores de almas. Suas palavras têm o poder de acolher e validar o sofrimento, ajudando o consulente a compreender que não está sozinho e que suas dores são parte de uma experiência coletiva. Na abordagem de Sodré, essa validação tem um impacto profundo, pois fortalece o indivíduo enquanto o conecta à sua ancestralidade e ao coletivo do terreiro. Ao entender que faz parte de algo maior, o consulente consegue processar seus traumas de maneira mais eficaz, percebendo que sua cura pessoal é, também, uma contribuição para a cura coletiva.

Ao mesmo tempo, os Pretos-Velhos se mostram como **catalisadores de transformação**. A figura de um ancião, portador de uma sabedoria que não se limita ao mundo material, apresenta ao consulente um novo ponto de vista. Por vezes, ao ouvir os conselhos do Preto-Velho, o consulente consegue repensar sua relação com o passado, reinterpretar seus desafios e encontrar novas maneiras de lidar com as situações de sua vida. Eles trazem à tona, por meio de histórias e metáforas, uma **resiliência silenciosa**, uma capacidade de transmutar o sofrimento em crescimento.

## O EFEITO TERAPÊUTICO DA REZA E DA CONVERSA

Para os Pretos-Velhos, o ato de conversar e rezar é, em si, um **ritual de cura**. Cada palavra proferida tem um peso espiritual, cada pausa é um convite ao silêncio e à reflexão. Essa dimensão é crucial, pois permite ao consulente encontrar alívio nas palavras do guia, como se a reza do Preto-Velho fosse capaz de **restaurar as feridas da alma**. A forma como eles escolhem as palavras, com um ritmo próprio e uma calma quase hipnótica, cria um ambiente de introspecção e segurança, onde o consulente se sente à vontade para **baixar suas defesas** e acessar as questões mais profundas de sua existência.

## CONEXÃO COM O INCONSCIENTE COLETIVO

Os Pretos-Velhos são, também, **expressões do inconsciente coletivo**, conectando-se a uma memória ancestral que remonta à resistência e à luta pela sobrevivência. Como figuras que representam a união de múltiplas gerações, trazem uma **força transgeracional** que atua no presente para curar as feridas do passado. Essa conexão com o inconsciente coletivo é o que torna a presença dos Pretos-Velhos tão poderosa: eles são mais que guias individuais, são **representantes de uma luta contínua**, que relembra ao consulente a importância de se manter firme em sua caminhada, independentemente dos desafios.

Essa dimensão psicológica e terapêutica dos Pretos-Velhos os torna elementos únicos na umbanda, pois atuam não apenas como **conselheiros espirituais**, mas também como **mentores e curadores** que auxiliam na jornada de autoconhecimento e transformação interior. Ao lidar com os Pretos-Velhos, o consulente é confrontado com sua própria história e convidado a **ressignificar suas experiências**, percebendo que as respostas para suas questões podem estar escondidas dentro de si, aguardando para serem descobertas com a ajuda dos ancestrais.

CAPÍTULO 13

# PRETOS-VELHOS: GUARDIÕES DO TEMPO E DA ANCESTRALIDADE

**DENTRO DOS TERREIROS**, os Pretos-Velhos oferecem palavras de conforto e conselhos práticos, assim como ensinam um conceito fundamental: o **tempo**. Na sociedade contemporânea, na qual a pressa e a busca por soluções rápidas prevalecem, os Pretos-Velhos trazem um contraponto. Eles lembram que o tempo tem sua própria cadência e que **cada processo de cura e aprendizado requer paciência e maturação**.

A **visão de tempo** dos Pretos-Velhos é aquela que reflete uma sabedoria ancestral, na qual passado, presente e futuro se entrelaçam. Luiz Antonio Simas, no livro *O corpo encantado das ruas*, explora a relação que a cultura afro-brasileira mantém com o tempo, explicando que o tempo, na umbanda, não é linear, mas circular. Nessa concepção, os Pretos-Velhos se manifestam como **intermediários temporais**, figuras que vivem entre os mundos e mantêm uma conexão viva com as gerações passadas, enquanto orientam as atuais para um futuro de resiliência e fortalecimento coletivo.

## TEMPO E RESILIÊNCIA: O ENSINO CONTÍNUO DOS PRETOS-VELHOS

Para os Pretos-Velhos, o tempo é o maior aliado do aprendizado e da transformação. Eles frequentemente aconselham os consulentes a esperarem, a **observarem e a respeitarem os ciclos da vida**, seja nas questões emocionais, espirituais, seja nas práticas cotidianas. Como Muniz Sodré explora em *A ciência do comum*, as práticas de cura e acolhimento nas religiões de matriz africana, como a umbanda, envolvem uma paciência profunda, que se contrapõe à lógica imediatista das sociedades urbanas e industriais. O conceito de tempo para os Pretos-Velhos é marcado por uma **sabedoria intergeracional**, que valoriza cada experiência como parte de um ciclo maior de aprendizado e crescimento.

Essa conexão com o tempo está intimamente ligada à **resiliência**, que é outro ensinamento central dos Pretos-Velhos. Eles esclarecem que, por mais que o sofrimento seja inevitável, é possível encontrar forças no passado ancestral para continuar, resistir e transformar as dificuldades em aprendizado. Para eles, o tempo não é um obstáculo, mas sim um **aliado da cura**.

## ENSINAMENTOS PARA AS NOVAS GERAÇÕES

Os Pretos-Velhos se revelam como **pontes entre gerações**. Eles transmitem ensinamentos que servem tanto aos mais jovens quanto aos mais velhos, adaptando suas palavras para que cada um compreenda as lições à sua maneira. É muito interessante a forma como essas entidades conseguem dialogar com públicos variados, explicitando uma sabedoria que não se limita à idade. Eles são os avós que acolhem, ensinam e repreendem quando necessário, sempre com o objetivo de guiar as novas gerações para um caminho de respeito à ancestralidade e de responsabilidade com o coletivo.

Os Pretos-Velhos, portanto, reforçam a importância da **ancestralidade viva**. Eles nos mostram que o passado está sempre presente, que nossos ancestrais vivem em nós e que, ao honrá-los, construímos um futuro mais consciente e enraizado em valores sólidos. No terreiro, cada encontro com um Preto-Velho é uma oportunidade de aprender sobre a importância das conexões intergeracionais, de respeitar os mais velhos e de transmitir essas lições para as gerações que virão.

A relação dos Pretos-Velhos com o tempo e as gerações sucessivas é um testemunho de **resiliência e continuidade**. Eles são o fio condutor que nos liga a um passado de luta e resistência e que, ao mesmo tempo, nos ensina sobre a paciência e o valor de cada etapa de nossas vidas. Os Pretos-Velhos, como guardiões do tempo e da memória, nos convidam a abraçar essa continuidade e a compreender que **somos parte de uma longa linha de vida e de aprendizado**. A cada reza, a cada palavra de conforto, eles reafirmam o valor de respeitar e aprender com o tempo, lembrando que o que se planta hoje germinará amanhã.

## O CHAMADO DA ANCESTRALIDADE

Quando pensamos nos Pretos-Velhos, não estamos só imaginando guias espirituais, mas **convocando a essência da sabedoria ancestral** que permeia a nossa existência. Em sua presença, sentimos um puxão silencioso que nos faz querer sentar, ouvir e mergulhar fundo em tudo o que achávamos que já sabíamos. Eles estão aqui não apenas para resolver problemas, mas também para **nos revelar a beleza e a força que existe em conhecer a nossa história e honrar os que vieram antes**.

Imagine-se, então, entrando em um terreiro pela primeira vez e sentando-se diante de um Preto-Velho. Seus olhos são profundos, e cada ruga conta uma história. Quando ele começa a falar, você percebe que aquelas palavras não estão só no ar – elas estão entrando em você, mexendo em sentimentos, despertando memórias, abrindo portas que você nem sabia que existiam. **É como um chamado, uma ressonância antiga que encontra abrigo em seu peito**, e você sente que cada conselho é um caminho para um reencontro consigo mesmo.

O que os Pretos-Velhos oferecem não é somente consolo; é um convite para uma **transformação autêntica**, para uma **aliança com o que é eterno**. Em um mundo onde tudo passa rápido, eles nos trazem de volta àquilo que é permanente: o amor, a coragem, a esperança e a luta. E o mais impressionante é que, quando você sai do terreiro, as palavras deles continuam ecoando, **como um manancial de força e paciência** para os dias difíceis, uma bússola para os momentos de incerteza.

A sabedoria dos Pretos-Velhos é um **pacto com o que há de mais profundo em nós**. Não é à toa que eles são chamados de ancestrais; são aqueles que sabem, que viram, que viveram. E é por isso que você sai desse encontro com uma vontade inexplicável de voltar, de ouvir mais, de **mergulhar mais fundo na história que eles contam e que é, ao mesmo tempo, a sua própria história**.

Ao final deste capítulo, que possamos levar conosco, além da ideia de que os Pretos-Velhos existem, a certeza de que **eles nos esperam**. Estão ali, prontos para nos receber com o cachimbo, a voz rouca e o sorriso acolhedor, prontos para nos dizer que tudo o que buscamos já está dentro de nós – basta que tenhamos a coragem de ouvir e sentir.

Então, na próxima vez que encontrar um Preto-Velho, lembre-se: **ele já o(a) conhece** e, mais do que isso, já espera por você.

# CAPÍTULO 14

# PRETOS-VELHOS: CURIOSIDADES E PARTICULARIDADES RITUALÍSTICAS

## 1. O JEITO DE FALAR E OS GESTOS LENTOS

Os Pretos-Velhos costumam falar de maneira pausada e simples, muitas vezes usando um português que remete aos antigos escravizados. Isso não é um acaso, mas uma forma de **expressar humildade e sabedoria**. Cada palavra é escolhida com cuidado, pois eles sabem que o poder da palavra vai além do que se diz – também reside no **tom e no ritmo**.

Essa maneira de falar é um convite à introspecção, que faz o consulente se desligar do ritmo frenético do cotidiano e entrar em sintonia com o **tempo espiritual**, mais calmo e profundo. Esse ritmo é também uma técnica que ajuda a criar um espaço de acolhimento e confiança, permitindo que o consulente se sinta à vontade para **compartilhar suas dores e preocupações**.

## 2. O CACHIMBO E OS ELEMENTOS DE TRABALHO

O cachimbo é um dos **símbolos mais emblemáticos** dos Pretos-Velhos. Embora possa parecer um simples adereço, o cachimbo simboliza **tranquilidade, meditação e conexão espiritual**. A fumaça, muitas vezes considerada uma oferenda aos espíritos, é usada pelos Pretos-Velhos para "**limpar**" o ambiente e proteger o consulente de energias negativas.

Além do cachimbo, os Pretos-Velhos utilizam outras ferramentas simbólicas, como o **rosário**, o **pano branco** e as **ervas**. O pano branco representa a pureza e a paz que eles desejam transmitir. Já as ervas, como arruda, guiné e alecrim, são usadas em **defumações e benzeduras** para purificar e proteger o corpo e a alma. Cada um desses elementos é escolhido com um propósito, demonstrando o cuidado com o qual os Pretos-Velhos trabalham.

## 3. A REZA E A BENZEDURA

Entre as práticas mais comuns dos Pretos-Velhos estão a reza e a benzedura. A reza é um momento de conexão direta com o sagrado, no qual eles pedem proteção, saúde e paz para aqueles que os procuram. Durante a benzedura, o Preto-Velho faz gestos circulares com as mãos ou com folhas, criando uma espécie de escudo espiritual ao redor do consulente.

O ritual da benzedura é uma prática que vem da tradição africana e foi adaptada na umbanda. Esses movimentos são acompanhados de **palavras de poder** e invocações que, segundo a crença, afastam as negatividades e fortalecem a energia vital. Muitos consulentes relatam sentir leveza e alívio imediatos após a benzedura, como se tivessem se livrado de um peso invisível.

## 4. A POSTURA E O BANQUINHO

Os Pretos-Velhos costumam sentar-se em **banquinhos baixos**, em uma posição que remete à simplicidade e à conexão com a Terra. Esse detalhe, muitas vezes ignorado, é rico em simbolismo: o **banquinho** é um símbolo de **humildade**, lembrando os tempos em que os ancestrais se sentavam em rodas ao redor do fogo para conversar e compartilhar suas histórias.

A postura dos Pretos-Velhos é sempre **curvada e atenta**, como se carregassem o peso de muitas vidas. Mas, ao mesmo tempo, há uma leveza em seus gestos, uma demonstração de que, apesar das dificuldades, a sabedoria conquistada torna o peso da vida suportável. Essa postura é uma **representação da resiliência** daqueles que enfrentaram o sofrimento e, ainda assim, continuam com um espírito aberto e acolhedor.

## 5. AS CANTIGAS E OS PONTOS CANTADOS

Durante os trabalhos, é comum que os Pretos-Velhos entoem **cantigas e pontos cantados** que reverenciam seus antepassados e reforçam a presença do sagrado. As letras dessas cantigas muitas vezes falam de força, superação e respeito à ancestralidade. São acompanhadas de **palmas e batidas** ritmadas que ajudam a elevar a energia do ambiente e a preparar o espaço para as comunicações espirituais.

Essas cantigas são transmitidas de geração em geração e têm um caráter sagrado, carregando a **memória coletiva** dos povos afro-brasileiros. Ao ouvir esses pontos, o consulente conecta-se não só com o Preto-Velho presente, mas também com **todos os que vieram antes**, criando um elo entre o indivíduo e a ancestralidade.

## 6. OS CONSELHOS: SABEDORIA EM FORMA DE PARÁBOLAS

Os Pretos-Velhos são mestres em usar parábolas e histórias para passar suas mensagens. Em vez de darem respostas diretas, muitas vezes contam histórias que fazem o consulente refletir e encontrar suas próprias respostas. Esse modo de comunicação lembra os griots africanos, os contadores de histórias que preservam a memória e o conhecimento de um povo.

Cada história contada por um Preto-Velho contém **significados ocultos**, que tocam a alma e revelam lições importantes sobre a vida. As histórias servem como **espelhos**, nos quais o consulente vê seus próprios dilemas e desafios refletidos de forma que pode compreendê-los e enfrentá-los com mais sabedoria e consciência.

## 7. AS ERVAS E OS BANHOS DE DESCARGA

Além das defumações, os Pretos-Velhos prescrevem **banhos de ervas** para limpeza e proteção espiritual. As ervas são escolhidas de acordo com a necessidade do consulente, e cada uma delas tem propriedades específicas, desde a arruda, que é usada para afastar o mal, até o alecrim, que traz alegria e ânimo. O preparo dos banhos é feito com muito cuidado e reverência, pois se acredita que as ervas contêm **energia vital** capaz de restaurar o equilíbrio espiritual.

A seguir, os nomes de falanges mais comuns da linha.

| PRETOS-VELHOS | PRETAS-VELHAS |
|---|---|
| Pai João de Angola | Vó Cambinda |
| Pai José do Congo | Vó Maria Conga |
| Pai Benedito | Tia Catarina |
| Pai Tomé | Vó Rosa |
| Pai Maneco | Vó Joaquina |
| Pai Cipriano | Vó Benedita |
| Pai Jerônimo | Mãe Quitéria |
| Pai Joaquim das Almas | Mãe Sebastiana |
| Pai Congo | Mãe Maria |
| Pai Guiné | Vó Luiza |
| Pai Chico | Tia Neves |
| Pai Francisco da Mina | Vó Iaiá |
| Pai Caetano | Vó Benta |
| Pai Mané | Vó Ana |
| Pai Tibúrcio | Tia Severina |
| Pai Serafim | Vó Maria do Rosário |
| Pai Pedro | Tia Maria |
| Pai Cambinda | Vó Joana de Aruanda |
| Pai Antônio | Vó Maria das Almas |
| Pai José | Mãe Margarida |

## ELEMENTO COMUNS DE TRABALHO E SIGNIFICADOS

| ELEMENTO | DESCRIÇÃO E SIGNIFICADO |
|---|---|
| Cachimbo | Simboliza sabedoria, tranquilidade e concentração. A fumaça é usada para limpeza espiritual e proteção. |
| Pano branco | Representa a pureza, a paz e a humildade. Usado pelos Pretos-Velhos para simbolizar serenidade e respeito. |
| Rosário ou terço | Conecta o Preto-Velho às práticas de oração e espiritualidade, representando devoção e fé. |
| Ervas (arruda, guiné) | Usadas para defumação e banhos de limpeza, trazendo purificação e afastando de energias negativas. |
| Copo de água | Simboliza a fluidez e a clareza. É usado para absorver energias e facilitar a comunicação espiritual. |
| Toalha ou lenço | Utilizados nas benzeduras e para cobrir a cabeça, trazendo proteção e conexão com a ancestralidade. |
| Bengala | Representa apoio, força e sabedoria adquirida com a idade. Pode ser usada para traçar pontos no chão. |
| Velas | As brancas simbolizam paz e proteção. |
| Fitas coloridas | Representam energias de proteção e são usadas para afastar más influências. |
| Fumo de rolo | Utilizado com o cachimbo, para relaxamento e concentração nas sessões. |
| Banquinho baixo | Símbolo de humildade, reforça a imagem de simplicidade dos Pretos-Velhos. |
| Oferendas de comida | Alimentos simples como café, bolo e cachaça, para fortalecer e homenagear as entidades durante os trabalhos. |
| Galho de folhas | Utilizado nas benzeduras para transmitir energias de cura e proteção. |
| Pote de barro | Representa conexão com a Terra e é usado para guardar ervas ou outros elementos de cura. |
| Patuás e amuletos | Pequenos objetos de proteção, carregados de energias específicas e distribuídos para proteção pessoal. |
| Incensos | Usados para purificação do ambiente e para ajudar na elevação espiritual. |
| Pedra ou cristal | Para canalizar energias e harmonizar o ambiente; cada tipo de pedra tem uma função específica. |
| Colares de contas | Usados como símbolo de proteção e ligação com determinadas vibrações espirituais. |
| Bastão de madeira | Utilizado para conduzir energia e proteção durante as sessões. |
| Água de ervas | Preparada para banhos e defumações, trazendo limpeza e equilíbrio espiritual. |

# CAPÍTULO 15

# LINHA DAS CRIANÇAS

**NA UMBANDA**, os **Erês** são entidades espirituais que se apresentam com a forma e o comportamento de crianças. Eles conhecidos por sua leveza, alegria e simplicidade, mas também carregam uma profundidade espiritual que muitas vezes passa despercebida. Os Erês são vistos como **espíritos de crianças que desencarnaram cedo e aguardam nova oportunidade de encarnação**. Na maioria dos casos, são descritos como almas que estão em sua **primeira encarnação**, o que explica a inocência e o encantamento que expressam.

Os Erês são, portanto, mais que meras entidades infantis; eles manifestam **a essência da renovação e da pureza espiritual**. Por isso, sua presença no terreiro é associada a uma energia renovadora, que toca e purifica. Os Erês, com sua disposição de brincar e o jeito descontraído, oferecem um **respiro de leveza e esperança** a todos os presentes.

## A CRIANÇA ESPIRITUAL NO PLANO DOS ORIXÁS E O SIMBOLISMO IORUBÁ

Na tradição iorubá, que fundamenta parte da umbanda, as crianças são reverenciadas por seu papel sagrado na continuidade da vida e do mundo espiritual.

O **Erê**, na filosofia iorubá, é a manifestação do próprio orixá em sua forma infantil, representando a pureza e o começo de tudo. Essa visão é amplamente explorada por Pierre Verger, que observa, em *Orixás: deuses iorubás na África e no Novo Mundo*, que a infância é uma fase de ligação direta com o sagrado, marcada por alegria e inocência. Para os iorubás, o Erê traz uma visão de **renovação espiritual**, e essa ideia ressoa no contexto da umbanda, no qual os Erês se manifestam como **mensageiros de cura e esperança**.

No terreiro, o **simbolismo infantil dos Erês** é também um convite à pureza e à alegria de viver. Eles mostram que a espiritualidade pode ser vivida com simplicidade e espontaneidade, aspectos de fundamentais da existência. Os Erês nos lembram de que, embora o mundo espiritual seja profundo e complexo, há espaço para a leveza e a **curiosidade sem julgamentos**.

## O PAPEL DOS ERÊS NA CURA DA CRIANÇA INTERIOR

Além de serem guias e protetores, os Erês têm um papel crucial na cura espiritual dos adultos que os procuram. A presença de uma entidade infantil no terreiro não só desperta a alegria, mas também nos faz confrontar a nossa **criança interior**. Os Erês ajudam a **abrir portas emocionais**, revelando traumas e experiências da infância que podem ter sido negligenciados ou reprimidos.

Esses espíritos oferecem um ambiente seguro para que o consulente possa **reconectar-se com aspectos de si mesmo que foram esquecidos ou suprimidos**. Eles ensinam a aceitar a vulnerabilidade e a celebrar a alegria, duas qualidades que muitas vezes perdem espaço na vida adulta. Ao interagir com um Erê, o consulente tem a chance de se lembrar de quem era e, ao mesmo tempo, perceber que **não é tarde para redescobrir o encanto e a simplicidade**.

Os Erês, assim, ajudam a tratar a **criança interior** de cada um, promovendo uma reconciliação com o passado e uma renovação espiritual que leva o indivíduo a reavaliar o que é realmente importante. Por meio da alegria e da inocência dos Erês, o consulente é convidado a curar suas feridas, a redescobrir a própria espontaneidade e a cultivar a esperança.

Ao entendermos os Erês como **expressões da criança espiritual** e **símbolos de renovação**, percebemos que a linha das Crianças na umbanda é um **canal de cura profunda e de reencontro consigo mesmo**. Os Erês trazem o que há de mais essencial no ser humano: a pureza, a curiosidade e a capacidade de amar sem reservas. Sua presença nos lembra de que todos, em algum momento, foram crianças, e de que essa parte de nós, mesmo esquecida, continua viva e esperando para ser resgatada.

No próximo capítulo, exploraremos o **valor simbólico da criança** no contexto da filosofia iorubá e como esse simbolismo enriquece e complementa a prática dos Erês na umbanda.

# CAPÍTULO 16

# O SIMBOLISMO DA CRIANÇA NA FILOSOFIA IORUBÁ

**NA CULTURA IORUBÁ**, que fundamenta muito da espiritualidade afro-brasileira, a figura da criança é cercada de um profundo simbolismo. Os iorubás acreditam que a infância representa um estado de **pureza espiritual e conexão direta com os orixás**, algo que é celebrado e respeitado em suas tradições. Esse entendimento é refletido nos **Erês da umbanda**, que, embora sejam manifestações infantis, apresentam uma sabedoria ancestral e uma ligação especial com o divino.

## O ERÊ COMO MANIFESTAÇÃO DO ORIXÁ INFANTIL

Na tradição iorubá, o **Erê** é um aspecto dos orixás, uma espécie de "alter ego infantil" que personifica a pureza e a energia renovadora desses seres divinos. Pierre Verger, na obra *Orixás: deuses iorubás na África* *e no Novo Mundo*, descreve o Erê como uma **expressão da essência do orixá**, que se manifesta para brincar e transmitir mensagens de uma forma leve e despretensiosa. Na umbanda, essa visão é adaptada e expandida: os Erês são entendidos como manifestações de orixás e como **entidades autônomas** que carregam o poder da inocência e da renovação.

A presença dos Erês no terreiro é um convite para **reverenciar a infância** e o que ela simboliza no mundo espiritual. Para os iorubás, a criança é uma figura sagrada com um potencial ilimitado de renovação e esperança. Ao se manifestarem no terreiro, os Erês oferecem ao consulente uma **experiência direta de renovação**, que é tanto espiritual quanto emocional.

## A CRIANÇA COMO SÍMBOLO DE RENOVAÇÃO E TRANSFORMAÇÃO

A criança, para a filosofia iorubá, é o começo de tudo. Ela representa o renascimento, a continuidade da vida e o **ciclo de transformação**. Na umbanda, os Erês capturam essa essência ao manifestarem um comportamento despretensioso, curioso e leve. Eles se movem e interagem de forma natural, sem julgamentos, e oferecem um **olhar sobre o mundo que é livre de preconceitos**.

Os Erês detêm o simbolismo de uma vida que é vivida em plenitude, que é explorada e experimentada em sua totalidade. Esse conceito de renovação e transformação faz parte da própria essência da umbanda, uma religião de acolhimento e de cura. Ao se manifestarem como crianças, os Erês lembram todos de que, por mais difícil que seja a jornada, há sempre uma chance de recomeço. Essa é uma das razões pelas quais a Linha das Crianças é tão poderosa e tão querida pelos frequentadores dos terreiros.

## A IMPORTÂNCIA DA ALEGRIA E DA CURIOSIDADE NOS TRABALHOS ESPIRITUAIS

A alegria e a curiosidade dos Erês não são meros caprichos infantis; elas são **ferramentas espirituais** que desafiam o consulente a enxergar a própria vida com um novo olhar. Luiz Antonio Simas, em *O corpo encantado das ruas*, descreve a importância da leveza e da inocência nas práticas afro-brasileiras como **forças transformadoras** que ajudam a romper com os padrões limitantes e a abrir portas para novas possibilidades de cura e entendimento.

Os Erês provocam e brincam, mas cada gesto, cada palavra tem um propósito: **despertar o que há de mais verdadeiro no coração de quem os procura**. Para eles, a vida é feita para ser vivida com intensidade e amor, e a busca espiritual é parte dessa aventura. É por meio do riso e do jogo que conduzem o consulente a um estado de abertura e aceitação, preparando-o para as mudanças que deseja ver em sua vida.

# CAPÍTULO 17

# ERÊS E A CURA DA CRIANÇA INTERIOR

QUANDO SE ENTRA EM UM TERREIRO DE UMBANDA e se encontra um Erê, é impossível não notar a leveza que ele traz. Mas, por trás da alegria e das brincadeiras, os Erês são verdadeiros **curadores da alma**, tocando em aspectos da infância que muitas vezes os adultos esqueceram ou evitam. Esses espíritos infantis ajudam a **despertar a criança interior**, promovendo uma reconexão com a essência original de quem somos.

## UM CHAMADO PARA VOLTAR NO TEMPO

Imagine-se sentado diante de um Erê. Ele brinca, ri e faz travessuras, e, de repente, você sente que está voltando no tempo. Talvez uma memória de infância surja, um momento de alegria ou até mesmo de tristeza. Os Erês têm esta habilidade: de maneira suave e despretensiosa, fazem com que o consulente **reviva momentos esquecidos** e explore emoções que há muito tempo não se permitia sentir.

Ao interagir com um Erê, a pessoa é convidada a baixar sua guarda e a se entregar à leveza do momento. Para alguns, isso é um verdadeiro desafio. A vida adulta, com suas responsabilidades e exigências, frequentemente nos afasta de nossa própria essência. O Erê, no entanto, traz uma mensagem clara: **a criança que você foi ainda vive em você**, e ela precisa ser acolhida e escutada.

## A CURA ATRAVÉS DO BRINCAR

Donald Winnicott, psicanalista e pediatra britânico que estudou profundamente o valor do brincar na infância, destaca que o ato de brincar e a ludicidade são essenciais para o desenvolvimento saudável e a expressão emocional. No terreiro, o Erê incorpora essa filosofia ao utilizar o brincar como **ferramenta terapêutica**. Cada movimento, cada gesto lúdico do Erê é cuidadosamente desenhado para ajudar o consulente a relaxar e a abrir espaço para uma **cura que transcende o racional**.

Quando o Erê convida o consulente a brincar, não está só oferecendo um momento de distração. Na verdade, está **criando um ambiente seguro** em que traumas e feridas emocionais podem ser trabalhados de maneira leve e indireta. Por meio do brincar, o Erê facilita a exploração de emoções difíceis, mas de uma forma que se torna mais acessível e menos ameaçadora.

## O IMPACTO PROFUNDO DE REDESCOBRIR A CRIANÇA INTERIOR

Os Erês são guardiões de um segredo precioso: sabem que, para curar as feridas da alma, é necessário **olhar para dentro e redescobrir a alegria** que existe em simplesmente ser. E é nesse ponto que muitos consulentes encontram, por meio dos Erês, uma **redenção emocional**. Ao se conectarem com sua criança interior, percebem que podem encarar o mundo com mais leveza, mais curiosidade e menos julgamentos.

Ao final de um trabalho com um Erê, muitas pessoas relatam sentir uma sensação de alívio, como se tivessem deixado para trás um peso invisível. A cura, nesse caso, não se dá pela fala ou pela reflexão, mas pela **vivência emocional**, pela experiência de reviver e ressignificar o que ocorreu na infância. Os Erês, com sua inocência e sabedoria, são guias que ensinam que o caminho para a paz interior muitas vezes passa por **abraçar novamente a criança que fomos um dia**.

## O FATOR TERAPÊUTICO DA BRINCADEIRA E A VISÃO DE MUNDO DOS ERÊS

No terreiro, os Erês têm o poder de transformar qualquer situação, por mais séria ou desafiadora que seja, em um momento de leveza e descoberta. Por meio da **brincadeira**, esses espíritos infantis acessam um estado de pureza e despretensão que permite ao consulente relaxar e se conectar com aspectos esquecidos de si mesmo. Mas a brincadeira, na visão dos Erês, é mais do que um passatempo: é uma **ferramenta de cura** que abre portas para novas maneiras de ver e experimentar o mundo.

## A BRINCADEIRA COMO LINGUAGEM DE CURA

Para os Erês, a brincadeira não é só uma atividade; é a **linguagem do espírito infantil**. Na tradição psicológica, D. W. Winnicott, em *O brincar e a realidade*, explora como o brincar é essencial para o desenvolvimento emocional e a descoberta de si mesmo. No contexto dos Erês, a brincadeira ganha uma dimensão espiritual, servindo como uma ponte entre o mundo material e o espiritual.

Quando um Erê brinca, não está apenas ocupando o espaço; está criando uma **experiência de cura**. Cada gesto, cada gargalhada e cada jogo são desenhados para promover um **alívio emocional**. O Erê ensina que, mesmo nos momentos mais difíceis, é possível encontrar alegria e significado, e essa é uma lição poderosa para todos os presentes no terreiro.

## INOCÊNCIA E CURIOSIDADE: A PERSPECTIVA DOS ERÊS

Os Erês veem o mundo com um olhar livre de julgamentos e de pressões. Essa visão do mundo, cheia de **curiosidade e abertura**, é parte do que os torna tão especiais e terapêuticos. Segundo a filósofa brasileira Viviane Mosé, em *A inocência de uma criança nunca morre*, a curiosidade e a pureza são fundamentais para uma vida plena e rica em descobertas. Mosé descreve como, ao nos reconectarmos com a inocência infantil, somos capazes de experimentar o mundo de maneira mais autêntica e profunda.

No terreiro, os Erês incentivam os consulentes a **explorarem suas emoções** e a aceitarem suas experiências sem se julgarem. Para eles, cada momento é uma oportunidade de aprendizado, e cada interação traz uma nova chance de ver a vida de maneira mais leve. Essa atitude sem julgamentos abre portas para o entendimento de que, no mundo espiritual, somos todos aprendizes e **não há vergonha em recomeçar**.

## O BRINCAR COMO ATO DE ENTREGA ESPIRITUAL

No espaço sagrado do terreiro, brincar com um Erê é um **ato de entrega espiritual**. Ao se permitir entrar no jogo, o consulente deixa de lado suas preocupações e permite que o espírito da criança se manifeste nele também. Luiz Rufino, em *Pedagogia das encruzilhadas*, fala sobre a importância de vivenciar experiências lúdicas como forma de acolher o sagrado e o inesperado. Ele descreve o brincar como uma **prática de resistência**, que nos ajuda a enfrentar as dificuldades com um espírito aberto e resiliente.

Quando nos entregamos ao brincar, voltamos a ser **aqueles que buscam novas formas de ver o mundo**, sem amarras ou preconceitos. Os Erês, então, conduzem o consulente por um caminho no qual é possível sentir-se novamente livre, presente e conectado com o que há de mais verdadeiro em seu próprio ser.

No próximo capítulo, vamos discutir a **Linha Espiritual das Crianças Encarnadas**, abordando o papel dos Erês no engajamento espiritual das crianças vivas e como eles ajudam a integrar a espiritualidade na infância.

# CAPÍTULO 18

# ERÊS E O ACOLHIMENTO DAS CRIANÇAS ENCARNADAS – UMA PONTE COM O SAGRADO

**A LINHA DAS CRIANÇAS** tem um foco mais especial para além dos adultos que buscam cura e renovação espiritual. Essa linha também é essencial na **introdução das crianças encarnadas no universo espiritual**. Para as crianças encarnadas, o contato com os Erês é um **primeiro passo no engajamento religioso**, um encontro leve e acolhedor que apresenta o mundo espiritual de uma forma que respeita a inocência e a curiosidade típicas da infância.

## UM CONVITE AO SAGRADO DESDE A INFÂNCIA

Os Erês oferecem um **ambiente seguro e acolhedor** para que as crianças encarnadas possam explorar o que é sagrado. Suas manifestações alegres e brincalhonas tornam o terreiro um lugar onde o mistério espiritual se torna acessível e natural. Esse contato precoce com o espiritual permite que as crianças **desenvolvam valores de respeito, solidariedade e amor ao próximo**, promovendo o sentimento de comunidade e de pertencimento a algo maior.

A presença dos Erês no terreiro é um lembrete de que a **espiritualidade não precisa ser algo distante ou complexo**; pode ser algo que se vive de maneira simples e natural. Eles são os guias que tornam essa descoberta suave, sem pressões ou dogmas, permitindo que a criança se sinta confortável para fazer perguntas e explorar suas próprias crenças.

Ao interagirem com crianças encarnadas, os Erês desempenham um papel de **educadores espirituais**. Eles ensinam valores fundamentais e, ao mesmo tempo, oferecem proteção espiritual para que essas crianças possam crescer com um entendimento mais profundo de si mesmas e do mundo ao seu redor. Luiz Antonio Simas, em suas reflexões sobre práticas afro-brasileiras, observa que a transmissão de saberes ancestrais é essencial para que as novas gerações carreguem adiante a cultura e a espiritualidade de suas comunidades.

Essa proteção espiritual é ainda mais relevante em um mundo onde as crianças estão cada vez mais expostas a pressões e expectativas. Os Erês, com sua leveza e sabedoria, são **figuras de apoio** que ajudam a aliviar essas pressões, ensinando as crianças a buscarem a espiritualidade como um refúgio e uma fonte de força interior.

## A ESPIRITUALIDADE COMO CAMINHO DE CRESCIMENTO E AUTOCONHECIMENTO

Os Erês ajudam as crianças encarnadas a se aproximarem da espiritualidade de maneira **significativa e empoderadora**. Para muitas crianças, o contato com os Erês é o início de um caminho de autoconhecimento, em que são ensinadas a valorizar suas próprias intuições e seus sentimentos. Vagner Gonçalves Silva, em *Entre a cruz e a encruzilhada*, ressalta que essa conexão com o sagrado fortalece as raízes culturais e espirituais das crianças, auxiliando no desenvolvimento de uma **identidade sólida e consciente**.

Os Erês mostram às crianças que a espiritualidade é uma parte natural da vida, algo que pode ser vivido com alegria e sem medo. Essa interação com o mundo espiritual é fundamental para que elas cresçam com uma noção ampliada do que é ser humano e de como se conectar de maneira respeitosa com aquilo que não se vê, mas se sente profundamente.

# CAPÍTULO 19

# PARTICULARIDADES DA PRÁTICA MEDIÚNICA DOS ERÊS

**A PRESENÇA DOS ERÊS NOS TERREIROS DE UMBANDA** é marcada pela leveza e pelo dinamismo. A atuação dessas entidades infantis traz uma energia única, e seu trabalho mediúnico é caracterizado por simplicidade e espontaneidade. No entanto, por trás das brincadeiras e travessuras, os Erês carregam uma sabedoria profunda e um entendimento espiritual que impacta diretamente aqueles que buscam orientação.

## 1. A DINÂMICA LÚDICA DOS ERÊS

Os Erês costumam se expressar de forma brincalhona, fazendo travessuras e utilizando gestos infantis para desarmar e envolver o consulente em um ambiente de confiança. Essa dinâmica lúdica cria uma atmosfera de **leveza** que facilita a abertura emocional e espiritual. Ao abordar questões sérias com um sorriso ou uma risada, os Erês promovem uma **transformação espiritual** que se dá de maneira sutil e eficaz.

## 2. O USO SIMBÓLICO DE OBJETOS

Durante suas manifestações, os Erês recorrem a objetos que remetem à infância, como balas, chupetas e brinquedos. Esses elementos, aparentemente simples, são carregados de **significados profundos**, refletindo o poder da inocência e da pureza espiritual. Ao utilizarem esses itens, os Erês demonstram que a conexão com o espiritual não precisa ser complexa; na verdade, ela pode ser tão acessível quanto o brincar de crianças.

## 3. PODER DA PALAVRA

Os Erês têm um modo peculiar de se comunicar, misturando palavras de sabedoria com brincadeiras e enigmas. Cada frase tem **significado espiritual**, muitas vezes camuflado em uma linguagem infantil. Esse uso da palavra permite que os consulentes reflitam profundamente sobre suas questões, levando-os a interpretar o que foi dito com um olhar renovado.

Para os Erês, o riso e o mistério são ferramentas que facilitam o **processo de autoconhecimento**, possibilitando que o consulente encontre respostas dentro de si mesmo.

## NOMES E ELEMENTOS DE TRABALHO DOS ERÊS

A linha dos Erês é conhecida por sua diversidade e por nomes que carregam um forte simbolismo da infância. Esses nomes não são apenas rótulos; representam a energia e o aspecto particular que cada Erê traz ao terreiro. Além dos nomes, os Erês trabalham com **elementos simbólicos** que reforçam a leveza e a pureza de suas presenças e ajudam a criar um ambiente acolhedor e lúdico.

A seguir, apresentamos uma tabela com **vinte nomes comuns de Erês**, que frequentemente se manifestam nos terreiros de umbanda:

| ERÊS MENINOS | ERÊS MENINAS |
|---|---|
| Zequinha | Ritinha |
| Joãozinho | Rosinha |
| Pedrinho | Aninha |
| Luizinho | Florzinha |
| Paulinho | Chiquinha |
| Jorginho | Carminha |
| Tonzinho | Clarinha |
| Dodô | Lili |
| Tupãzinho | Mariazinha |
| Juquinha | Marininha |

Esses nomes, muitos deles diminutivos e carinhosos, evocam a energia de uma **criança doce e acessível**, que se aproxima dos consulentes com simpatia e acolhimento.

## ELEMENTOS DE TRABALHO DOS ERÊS

Os Erês também se associam a uma série de elementos que reforçam sua identidade e o tipo de energia que trazem ao trabalho espiritual. Aqui estão alguns dos principais elementos usados:

- **DOCES E BALAS:** simbolizam a doçura e a alegria. São frequentemente colocados como oferendas e são parte importante dos trabalhos espirituais dos Erês.

- **BRINQUEDOS:** estes incluem bonecas, bolas e carrinhos, que servem para reforçar a leveza e a ludicidade do trabalho espiritual.

- **ROUPAS COLORIDAS:** as cores vivas representam a energia vibrante e alegre das crianças, conectando os Erês com a leveza e a festividade.

- **CHUPETAS E MAMADEIRAS:** esses elementos reforçam a ideia de pureza e inocência, remetendo à primeira infância e ao carinho que os Erês inspiram.

- **ÁGUA E FLORES:** a água é usada para limpeza espiritual e renovação, enquanto as flores trazem beleza e delicadeza ao ambiente do terreiro.

Esses elementos são mais do que meros adornos: cada um deles tem uma **função específica no trabalho espiritual**, facilitando a conexão dos Erês com os consulentes e promovendo um espaço de cura e acolhimento.

Os nomes e os elementos de trabalho dos Erês criam um **ambiente rico em símbolos**, que reforça a atmosfera de leveza e acolhimento característica dessa linha espiritual. Os consulentes que entram em contato com os Erês têm a chance de vivenciar a espiritualidade de uma forma única, em que a alegria e a simplicidade se tornam ferramentas poderosas de transformação.

Sempre que você se dedicar a cuidar de uma criança em desamparo, lembre-se: você está não apenas acolhendo aquela pequena vida, mas também curando a sua própria criança interior e honrando o Erê que vive em você. Cada gesto de carinho é um laço que nos conecta à nossa essência e à espiritualidade que reside na inocência.

LINHAS DO BRASIL PROFUNDO:

# BAIANOS, BOIADEIROS, MARINHEIROS E JUREMEIROS

Mergulhamos agora nas entidades que são a alma do povo brasileiro. Os Baianos nos trazem a energia do Nordeste, com suas histórias de resistência, fé e sabedoria popular. Eles carregam a simplicidade do campo e da cidade, e em suas palavras encontramos respostas práticas para nossos dilemas. Os Boiadeiros, com sua postura forte e destemida, nos ensinam sobre coragem, disciplina e valor do trabalho duro. São os vaqueiros espirituais que nos ajudam a lidar com as batalhas do cotidiano.

Os Marinheiros, sempre em movimento, trazem a leveza e a fluidez das águas, ensinando-nos a navegar pelas dificuldades da vida com serenidade. Eles nos lembram de que, por mais forte que seja a tempestade, sempre haverá um porto seguro para atracar. E os Juremeiros, guardiões da Jurema Sagrada, misturam em suas forças a sabedoria indígena e africana do sertão, trazendo cura e conhecimento profundo.

A generosidade do Brasil Profundo está em sua capacidade de acolher as diferentes experiências de vida de cada um de nós. Essas entidades representam a diversidade do povo brasileiro, a pluralidade de culturas e tradições que compõem nossa identidade espiritual. Elas nos ensinam que, independentemente de nossa origem ou trajetória, sempre há um lugar para nós na espiritualidade da umbanda.

# CAPÍTULO 20

# LINHA DOS BAIANOS

## A FORÇA DO MIGRANTE E DA RESISTÊNCIA POPULAR

"LÁ NA BAHIA NÃO SE BRINCA COM BAIANO.
QUEBRA COCO, ARREBENTA SAPUCAIA,
EU QUERO VER QUEM PODE MAIS..."

**ESSAS PALAVRAS ECOAM PELOS TERREIROS**, acompanhadas do ritmo das palmas e do batuque dos atabaques, marcando a presença de um espírito poderoso e resiliente. A força desse canto está não só nas palavras, mas também na história por trás delas: a luta, a resistência e a travessia de milhões de nordestinos que deixaram suas terras em busca de uma vida melhor. Cada Baiano que se manifesta traz o **sopro da sobrevivência**, o testemunho de uma vida dura, mas também a alegria de quem, apesar das adversidades, encontra motivos para festejar e seguir em frente.

A energia dos Baianos não é apenas de força bruta, há também uma **sabedoria prática**, lapidada pelo trabalho árduo, pelas tradições que atravessaram gerações e pela fé que nunca os abandonou. No terreiro, eles chegam com um sorriso no rosto, um "oxente" no sotaque e, ao mesmo tempo, a **seriedade de quem conhece o peso da vida**. Suas histórias, repletas de desafios, são um reflexo de milhões de migrantes que foram do Nordeste para o Sudeste, enfrentando a discriminação e a pobreza, mas mantendo a dignidade e a fé intactas.

A linha dos Baianos surgiu no contexto de grandes mudanças sociais no Brasil. Nas décadas de 1950 e 1960, um fluxo massivo de nordestinos migrou para o Sudeste, especialmente para São Paulo, em busca de trabalho e melhores condições de vida. Através dessa migração, muitos desses espíritos nordestinos, conhecidos como Baianos, passaram a se manifestar nos terreiros, apresentando a energia do trabalho árduo, da sabedoria popular e da resistência cultural.

A linha dos Baianos reflete a **adaptação social e espiritual** desse grupo migrante, que, em vida, enfrentou desafios imensos, mas soube manter suas tradições religiosas e seu espírito resiliente. No terreiro, eles são acolhidos como entidades que ajudam a resolver problemas cotidianos, trazendo conselhos práticos e diretos. O Baiano, como espírito, é uma manifestação dessa **resiliência migrante**, sempre com uma mão firme e uma palavra de encorajamento.

Os Baianos, em sua vida mantida como entidade, eram mais do que trabalhadores comuns; muitos foram **benzedeiros, médiuns, curandeiros e pais de santo**. Eles vivenciaram uma espiritualidade que integrava o sincretismo religioso, combinando elementos do candomblé, da umbanda, do catimbó, do catolicismo popular e das práticas indígenas e africanas que formaram a base da cultura espiritual no Nordeste brasileiro.

Esses espíritos trazem para o terreiro uma **bagagem espiritual rica e diversificada**, refletindo a **vivência eclética** e a capacidade de navegar por diferentes tradições religiosas com naturalidade. Um Baiano pode oferecer uma oração católica, uma benzedura popular ou um conselho afro-brasileiro, dependendo do que for necessário. Sua sabedoria é **ampla e inclusiva**, adaptando-se às necessidades do consulente sem perder sua identidade forte e sincrética.

Através dos Baianos, vemos o **resultado da fusão cultural** que ocorreu no Brasil, especialmente nas regiões nordestinas, onde a mistura de práticas espirituais criou uma vivência única. Eles representam essa convergência de saberes e continuam a praticá-la no plano espiritual, ajudando os consulentes a lidarem com questões de saúde, proteção e prosperidade.

## CARACTERÍSTICAS DOS BAIANOS NO TERREIRO

A presença de um Baiano no terreiro é marcada por uma mistura de **resiliência e descontração**, reflexo das adversidades enfrentadas pelos migrantes nordestinos que saíram de suas terras em busca de uma vida melhor. Os Baianos, ao se manifestarem, carregam consigo a energia de quem já enfrentou a dureza da vida e encontrou na fé e no trabalho um caminho de superação.

Segundo Macedo e Bairrão (2011), os Baianos surgem como **representações espirituais dos migrantes nordestinos**, carregando consigo o estigma de pobreza e exclusão social. Esses espíritos são vistos como trabalhadores, muitas vezes analfabetos, mas profundamente conectados com a terra e suas tradições culturais, como os rituais religiosos que misturam **candomblé, catolicismo popular e práticas de benzimento**. Essa vivência sincrética é uma característica marcante dos Baianos.

## RITUALÍSTICA E ELEMENTOS DOS BAIANOS

Os Baianos costumam manifestar-se com uma postura despojada, utilizando roupas que remetem à cultura nordestina, como chapéus de palha e camisas xadrez. Durante os rituais, eles trabalham com elementos simples, mas carregados de significado:

- **CACHAÇA E BATIDA DE COCO:** a bebida, usada frequentemente nas oferendas, representa a **força** e a **energia** que os Baianos trazem ao terreiro. Utilizada para limpeza espiritual, ajuda a dissolver **energias negativas**.

- **COCO E FAROFA:** elementos como coco e farofa são comumente utilizados nas oferendas aos Baianos, remetendo à cultura nordestina e ao seu vínculo com a terra. Esses alimentos simbolizam **nutrição e resistência**, refletindo a simplicidade da vida sertaneja.

Esses elementos, segundo Macedo e Bairrão (2011), são exemplos de como a umbanda absorveu figuras sociais do **migrante nordestino**, incorporando-as ao panteão espiritual como símbolos de **resiliência e adaptação**.

## SIMBOLISMO DA LINHA DOS BAIANOS E SUAS LIÇÕES

O simbolismo dos Baianos na umbanda vai além de suas manifestações no terreiro. Eles representam a luta e a perseverança dos nordestinos que migraram para os grandes centros urbanos do Sudeste. Os Baianos são o reflexo de um Brasil que mudou nas décadas de 1950 e 1960, trazendo consigo as marcas de um país em transformação e a luta por sobrevivência nos grandes centros urbanos.

Eles transmitem uma mensagem clara: **as dificuldades da vida podem ser superadas com trabalho duro e fé**, e é essa força que eles apresentam aos consulentes, ajudando-os a enfrentarem seus próprios desafios com coragem e determinação.

## A FUNÇÃO DOS BAIANOS NO TERREIRO

### Acolhimento e proteção

Uma das principais características da linha dos Baianos na umbanda é a capacidade dessas entidades de **acolher e proteger** aqueles que se encontram em situações de vulnerabilidade. No terreiro, os Baianos são conhecidos por oferecerem conforto espiritual, especialmente a pessoas que enfrentam dificuldades materiais, emocionais ou espirituais. Eles são frequentemente descritos como **figuras de grande empatia**, capazes de compreender as dores e os desafios daqueles que buscam ajuda, proporcionando um espaço de **acolhimento e alívio emocional**.

Eles carregam em si a marca dos migrantes nordestinos que enfrentaram muitas adversidades, e essa vivência de luta os torna naturalmente inclinados a apoiar e proteger aqueles que se encontram em situações semelhantes. Essa ligação com a luta dos marginalizados faz com que eles ofereçam tanto apoio espiritual quanto **proteção contra influências negativas**, ajudando os consulentes a se fortalecerem diante dos desafios da vida cotidiana.

Os Baianos funcionam como uma espécie de **escudo espiritual**, ajudando os consulentes a dissiparem energias negativas, resolverem demandas espirituais e encontrarem um caminho mais seguro em meio às dificuldades. Em suas incorporações, eles tratam os consulentes com respeito e empatia e acolhem suas dores de maneira direta e prática.

## CONSELHEIROS PRÁTICOS

Além de sua função protetora, os Baianos se destacam por serem grandes **conselheiros práticos**. Ao contrário de outras linhas de trabalho espiritual, que podem focar mais questões abstratas ou espirituais, eles trazem conselhos voltados para o **cotidiano** e as necessidades imediatas dos consulentes. Seus conselhos são muitas vezes relacionados a questões como **trabalho, saúde e relacionamentos**, áreas que afetam diretamente a vida prática de quem busca ajuda.

Eles oferecem orientações diretas, sem rodeios, refletindo uma **sabedoria popular** que é ao mesmo tempo simples e profundamente eficaz. Eles falam a língua do povo, utilizando expressões e metáforas que facilitam a compreensão.

Por exemplo, um Baiano pode orientar um consulente sobre como melhorar suas condições de trabalho, sugerir estratégias para resolver conflitos familiares ou até mesmo recomendar cuidados com a saúde, sempre de uma forma acessível e clara. Essa sabedoria, herdada de uma vida marcada por luta e sobrevivência, se torna um **guia espiritual valioso**, especialmente para aqueles que precisam de orientações diretas.

A atuação dos Baianos como conselheiros práticos vai além de soluções temporárias. Eles também ensinam lições de **resiliência, paciência e esforço**, encorajando os consulentes a enfrentarem seus problemas com coragem e determinação. Em suas palavras, o trabalho duro e a fé são as principais ferramentas para superar as adversidades da vida.

## CURIOSIDADES E PARTICULARIDADES DA LINHA DOS BAIANOS

Seguem alguns aspectos menos conhecidos e curiosidades sobre o trabalho espiritual dos Baianos no terreiro, assim como elementos que compõem suas oferendas e manifestações.

## 1. NOMES TÍPICOS E APRESENTAÇÕES DOS BAIANOS

Os Baianos, quando se manifestam no terreiro, costumam utilizar nomes simples e que remetem às suas origens nordestinas. Alguns exemplos de **nomes comuns** entre os Baianos são:

- Zé Baiano
- Severino Baiano
- Maria Baiana
- João Baiano
- Baiano do Coco
- Baiana Sete Saias
- Zé da Peixeira
- Baiano 7 Coco

Esses nomes evocam figuras populares e são muitas vezes acompanhados de uma caracterização visual simples, mas carregada de significado. Os Baianos podem incorporar com roupas típicas do sertão, como **chapéus de palha**, **lenços** e **camisas de flanela**, destacando sua ligação com a terra e o povo.

## 2. OFERENDAS E ELEMENTOS UTILIZADOS PELOS BAIANOS

No terreiro, as oferendas aos Baianos refletem sua conexão com a simplicidade e a força espiritual. Alguns dos itens mais comuns são:

- **CACHAÇA E BATIDA DE COCO:** símbolo de força e resistência. Frequentemente utilizada em rituais de purificação e quebra de demandas.
- **FAROFA E COCO:** alimentos que remetem à tradição nordestina, utilizados tanto nas oferendas quanto nos trabalhos espirituais.
- **FUMO DE ROLO:** utilizado para defumação e limpeza espiritual, o fumo é um elemento importante no trabalho dos Baianos, assim como para os Pretos-Velhos.

Esses elementos são repletos de significado, refletindo tanto a vida simples quanto a energia poderosa que os Baianos trazem para o terreiro. As oferendas aos Baianos mantêm uma profunda ligação com as práticas de sobrevivência e espiritualidade popular, sendo um reflexo das dificuldades e vitórias que esses espíritos experimentaram em vida.

## PARTICULARIDADES DOS TRABALHOS ESPIRITUAIS DOS BAIANOS

Os Baianos são conhecidos por realizarem **trabalhos espirituais diretos e enérgicos**. Quando se trata de resolver problemas, eles costumam focar ações rápidas e práticas, seja para abrir caminhos profissionais, seja para resolver questões de saúde ou melhorar relacionamentos. Um dos aspectos mais marcantes de suas incorporações é a maneira **alegre e descontraída** como conduzem os trabalhos, mas sempre com uma firmeza que garante a eficácia das orientações.

Além disso, os Baianos frequentemente utilizam **elementos da natureza**, como ervas e água de coco, em seus rituais de cura e purificação. Esses elementos servem não só para limpar o campo espiritual, mas também para restabelecer o equilíbrio energético dos consulentes, conectando-os à força da natureza e às suas próprias raízes.

# CAPÍTULO 21

# LINHA DOS BOIADEIROS

## CABOCLOS DE COURO – VAQUEIROS – SERTANEJOS

NA UMBANDA, a **linha dos Boiadeiros** é conhecida por manifestar espíritos que representam a força, a resiliência e a simplicidade dos vaqueiros e sertanejos. Esses espíritos têm uma forte conexão com a terra, o gado e a natureza, refletindo a vida árdua do sertão. Eles são denominados também **Caboclos de Couro**, fazendo referência ao vestuário tradicional dos vaqueiros, como o chapéu de couro, o colete e o laço, assim como seu trabalho no campo, conduzindo o gado em terrenos difíceis e enfrentando tempestades e desafios naturais.

O arquétipo do Boiadeiro evoca uma **sabedoria prática** que surge da vivência rural, em que cada decisão é uma questão de sobrevivência e cada lição aprendida é carregada de humildade e coragem. No terreiro, eles se apresentam como espíritos fortes, prontos para ajudar a **organizar energias desajustadas**, trazendo proteção e orientações claras para seus consulentes.

Eles são vistos como guardiões espirituais das estradas e trilhas, responsáveis por abrir caminhos e proteger aqueles que estão em momentos de indecisão ou perigo. Suas incorporações costumam ser enérgicas, transmitindo uma sensação de força e segurança, ao mesmo tempo que oferecem soluções diretas e eficazes para problemas cotidianos.

As entidades Boiadeiros também têm uma forte ligação com os **orixás Ogum e Iansã**, cujas energias estão relacionadas à guerra, à proteção e ao movimento dos ventos. Para a umbanda sagrada, as divindades Egunitá e Logunã também aparecem nessa linha de trabalho.

Essa conexão lhes dá a capacidade de atuar de forma incisiva contra demandas espirituais e feitiçarias, promovendo limpezas espirituais e removendo bloqueios que impedem o progresso dos consulentes.

## ORIGEM E CONTEXTO

Os **Boiadeiros** na umbanda refletem a dura vida dos sertanejos e vaqueiros que, em vida, enfrentaram as adversidades do sertão brasileiro. A figura do vaqueiro sertanejo carrega consigo a **história de resistência e luta**, tanto contra as intempéries da natureza quanto contra as dificuldades impostas pela vida no campo. Esses homens viviam em contato direto com a terra, o gado e o clima hostil do sertão, desenvolvendo uma relação de profundo **respeito pela natureza** e uma sabedoria única que lhes permitia sobreviver em meio às adversidades.

No plano espiritual, os Boiadeiros manifestam essa experiência com **força e resiliência**, atuando como protetores e guias espirituais para aqueles que enfrentam dificuldades semelhantes. Sua origem no sertão simboliza a capacidade de **trabalhar com elementos da terra** e dos animais, tornando-os poderosos na condução de energias espirituais desajustadas. No terreiro, os Boiadeiros são chamados para **restaurar a ordem e promover o equilíbrio**, lidando com energias turbulentas e dispersando influências negativas que afetam os consulentes.

Esses espíritos atuam de maneira **simples e direta**, refletindo a vida que tiveram em contato com a dureza do trabalho rural. Essa simplicidade, porém, não deve ser confundida com fragilidade. Muito pelo contrário, pois os Boiadeiros representam a **força bruta e a disciplina** daqueles que precisavam controlar o gado e lidar com a vastidão do sertão. A prática de guiar rebanhos pelos campos sem perder o controle é traduzida no plano espiritual como a capacidade de **orientar os consulentes** em seus caminhos, ajudando-os a manterem o foco e a determinação em meio a dificuldades pessoais e espirituais.

Além disso, a associação dos Boiadeiros com os orixás, especialmente **Ogum** e **Iansã**, reforça seu papel como guias em momentos de crise e incerteza. Assim como Ogum, eles representam a coragem e a disposição para lutar contra as adversidades. A conexão com Iansã, deusa dos ventos e das tempestades, reflete a **força de transformação** que os Boiadeiros trazem ao enfrentar obstáculos espirituais, dissipando as "tempestades" que afligem os consulentes.

Esse ajuste reforça a **função simbólica** dos Boiadeiros na umbanda, conectando sua vivência no sertão com seu papel espiritual de proteção e limpeza, enquanto cria uma narrativa mais envolvente e rica em significado.

## FUNÇÃO NO TERREIRO: PROTEÇÃO, LIMPEZA E ACOLHIMENTO

Os **Boiadeiros**, enquanto linha espiritual na umbanda, desempenham um papel multifacetado, que vai desde a **proteção espiritual** até a **limpeza energética**. Esses espíritos, que em vida eram vaqueiros, desenvolvem no plano espiritual a habilidade de controlar e direcionar **forças desordenadas**, assim como faziam com o gado em terrenos difíceis. No terreiro, eles são chamados quando o consulente precisa de **orientação prática** ou está enfrentando situações espiritualmente complexas, como demandas e bloqueios.

## SIMBOLISMO E FERRAMENTAS

Cada Boiadeiro dispõe de **ferramentas espirituais** que carregam um simbolismo profundo. O **laço**, por exemplo, é visto como um símbolo de controle e direcionamento de energias. Assim como o vaqueiro usa o laço para conduzir o gado, o Boiadeiro usa sua força espiritual para "laçar" energias desorganizadas e trazê-las de volta ao equilíbrio. O **couro**, muitas vezes presente em suas roupas, simboliza a resistência e a força adquirida através da experiência de vida dura no sertão. O **berrante**, instrumento típico do vaqueiro, tem papel simbólico no chamado espiritual, funcionando como uma forma de despertar as energias que precisam ser controladas.

Esses elementos reforçam a ligação dos Boiadeiros com a terra e a natureza, tornando-os especialistas em resolver situações ligadas a problemas de **desordem energética**. Eles atuam principalmente em **aberturas de caminhos**, dissipando bloqueios espirituais que impedem o progresso pessoal ou material dos consulentes.

## TRABALHO ESPIRITUAL

No terreiro, os Boiadeiros são frequentemente chamados para resolver situações de **quebra de demandas** e **proteção espiritual**. Em um caso comum, uma pessoa pode buscar um Boiadeiro quando sente que sua vida está bloqueada, seja em termos de oportunidades de trabalho, relacionamentos ou saúde. O Boiadeiro identifica rapidamente a origem do bloqueio e recomenda rituais simples, como o uso de **fumo de rolo** ou **defumação** com ervas, para dissipar as energias negativas.

Um exemplo típico de trabalho de limpeza envolve o uso do **berrante**, tocado simbolicamente para "chamar" as energias de proteção, ao mesmo tempo que o Boiadeiro conduz uma defumação com **arruda e alecrim**, plantas que têm poder de limpeza espiritual. Esse tipo de ritual conecta o consulente com a força protetora da terra e dos elementos naturais, permitindo que ele supere suas dificuldades com clareza e força renovada.

## HUMANIZAÇÃO E ACOLHIMENTO

Embora muitas vezes sejam vistos como espíritos fortes e enérgicos, os Boiadeiros também trazem uma postura de **acolhimento e empatia**. Durante suas incorporações, demonstram **sabedoria prática**, oferecendo conselhos diretos, mas sempre com uma abordagem acolhedora. Um Boiadeiro pode, por exemplo, aconselhar alguém a manter a calma em um momento de crise, sugerindo que, assim como no sertão, é preciso ter paciência e resiliência para superar os obstáculos. Essa maneira simples de aconselhar reflete a vida de quem aprendeu a lidar com os desafios da terra, sem perder a fé nem o otimismo.

Os Boiadeiros, portanto, **protegem e limpam** o campo espiritual, assim como também **cuidam do lado emocional** dos consulentes, ajudando-os a encontrarem soluções práticas e espirituais para seus problemas. Ao final de um trabalho com o Boiadeiro, o consulente muitas vezes sai com uma sensação de paz e clareza, pronto para enfrentar os desafios da vida com nova força.

## OFERENDAS E ELEMENTOS RITUALÍSTICOS DOS BOIADEIROS

As **oferendas** e os **elementos ritualísticos** utilizados pelos Boiadeiros refletem sua conexão com a natureza, a terra e as tradições do sertão. No terreiro, essas oferendas têm o propósito de **fortalecer o vínculo espiritual** com os Boiadeiros, pedir proteção, abrir caminhos e garantir a presença dessas entidades no auxílio às demandas dos consulentes.

### OFERENDAS COMUNS

As oferendas aos Boiadeiros são simples mas simbólicas. Geralmente, incluem elementos da **cultura sertaneja** e da vida rural, que remetem à força e à resiliência desses espíritos. Alguns dos itens mais comuns em suas oferendas são:

- **CACHAÇA COM MEL, PURA OU CURTIDA COM ALGUMA ERVA:** um dos principais elementos associados aos Boiadeiros. Simboliza a força e a vitalidade. A cachaça também é usada em rituais de limpeza espiritual e purificação de ambientes.

- **FUMO DE ROLO OU CIGARRO DE PALHA:** o fumo é utilizado tanto em defumações quanto em oferendas, representando a tranquilidade e o controle das energias. O uso do tabaco pelas entidades é sempre para limpar o campo energético do consulente, liberando tensões e abrindo caminhos.

- **RAPADURA E FAROFA:** esses alimentos são típicos do sertão e fazem parte das oferendas como forma de alimentar a energia dos Boiadeiros, retribuindo sua força e vitalidade. A farofa, um alimento energético, simboliza a **força vital** que o Boiadeiro empresta ao consulente.

- **FRUTAS:** itens como **abacaxi, carambola, uva** e **banana** são utilizados para simbolizar a conexão dos Boiadeiros com a terra e a natureza. Frutas ácidas, como o limão, são usadas para dispersar energias densas e purificar ambientes.

## ELEMENTOS DE TRABALHO ESPIRITUAL

Os Boiadeiros também empregam uma série de **objetos rituais** que remetem à vida no campo e ao trabalho com o gado. Esses objetos são vistos como símbolos de força e proteção e são utilizados em **trabalhos espirituais** para dissipar demandas, remover obstáculos e restaurar a ordem espiritual. Alguns dos principais elementos usados incluem:

- **LAÇO DE COURO:** o laço é um dos símbolos mais característicos dos Boiadeiros, representando seu controle sobre as energias e sua capacidade de conduzir o fluxo espiritual de maneira organizada. Assim como o vaqueiro usa o laço para dominar o gado, o Boiadeiro usa esse símbolo para "laçar" as energias desordenadas e trazê-las de volta ao equilíbrio.

- **BERRANTE:** tradicionalmente utilizado pelos vaqueiros para chamar e controlar o gado, o berrante é usado no terreiro de forma simbólica para "chamar" as energias espirituais e direcioná-las para os trabalhos de limpeza ou proteção. Ao soar o berrante, o Boiadeiro ativa o poder de Ogum e Iansã, invocando proteção e força para os consulentes.

- **CABAÇA:** esse recipiente é comumente utilizado para carregar líquidos, como água ou cachaça, durante os rituais. Simboliza a capacidade de **nutrição espiritual**, trazendo vitalidade e proteção às pessoas que participam dos trabalhos.

## ERVAS E DEFUMAÇÕES

Os **Boiadeiros** utilizam uma série de **ervas** para purificação e cura espiritual. As mais comuns incluem:

- **ARRUDA:** conhecida por suas propriedades de proteção e limpeza, é frequentemente usada em defumações para remover cargas espirituais negativas e garantir a paz no ambiente.

- **ALECRIM:** associado à prosperidade e à abertura de caminhos, o alecrim é utilizado para atrair boas energias e facilitar o fluxo de oportunidades.

- **ESPADA-DE-SÃO-JORGE:** simboliza a força de combate espiritual. Utilizada para cortar demandas e neutralizar forças espirituais adversas.

As defumações realizadas com essas ervas, muitas vezes combinadas com **fumo de rolo**, são essenciais nos trabalhos dos Boiadeiros, pois ajudam a purificar tanto o espaço do terreiro quanto o campo espiritual dos consulentes. Esse processo de limpeza garante que as influências negativas sejam dissipadas, permitindo que a vida flua sem bloqueios.

## CURIOSIDADES E PARTICULARIDADES DA LINHA DOS BOIADEIROS

A linha dos Boiadeiros se destaca não somente pela atuação prática no terreiro, mas também pelas características únicas e pelos rituais diferenciados, que a tornam uma das linhas espirituais mais interessantes da umbanda.

## NOMES COMUNS DOS BOIADEIROS

Os Boiadeiros, assim como outras entidades da umbanda, têm **nomes simbólicos** que remetem às suas vivências no plano material e à sua relação com a terra e o gado. Esses nomes, muitas vezes, refletem elementos da natureza ou do ambiente rural e sertanejo, reforçando a ideia de que esses espíritos carregam a força do campo em suas incorporações. Alguns exemplos incluem:

- Zé do Laço
- Boiadeiro Chapéu de Couro
- Boiadeiro da Serra
- João Boiadeiro
- Boiadeiro Jurema
- Zé Mineiro
- Boiadeiro do Ingá
- Severino
- Zé Cangaço

Esses nomes destacam a ligação dos Boiadeiros com o sertão, o gado e a natureza, elementos fundamentais na construção do arquétipo dessa linha espiritual.

## DIA DE TRABALHO E REGÊNCIA

Uma curiosidade interessante sobre a linha dos Boiadeiros é que, em algumas casas de umbanda, eles são tradicionalmente cultuados às **terças-feiras**, associando-se a **Ogum**, o orixá guerreiro. No entanto, em outros terreiros, a **quarta-feira** é dedicada aos Boiadeiros, sob a regência de **Xangô** e **Egunitá**, orixás e divindade da justiça e do fogo. Essa variação reflete a flexibilidade e a amplitude da atuação dos Boiadeiros, que podem trabalhar tanto no campo da guerra quanto no da justiça, dependendo das necessidades dos consulentes.

## TRABALHO ESPIRITUAL COM ANIMAIS

Uma particularidade interessante dos Boiadeiros é sua **relação com os animais**. Eles representam aqueles que, em vida, trabalhavam diretamente com o gado, assim como são conhecidos por sua capacidade espiritual de **cuidar de animais** no plano físico. Alguns terreiros recorrem aos Boiadeiros em situações em que é necessário **proteger ou curar animais domésticos** ou de criação. Essa ligação forte com o reino animal faz parte da sabedoria prática dos Boiadeiros, que entendem a importância dos animais tanto no campo espiritual quanto no material.

## PRESENÇA NAS FESTAS DE TERREIRO

Outro aspecto interessante é a **presença dos Boiadeiros em festas e rituais no terreiro**. Suas incorporações costumam ser animadas e enérgicas, refletindo o espírito despojado dos vaqueiros. Durante as **giras de Boiadeiro**, é comum que as entidades incorporem com uma postura firme, mas ao mesmo tempo alegre, interagindo de maneira simples e direta com os consulentes. Eles muitas vezes trazem **danças tradicionais** que lembram o manejo do gado e a vida no campo, usando o **berrante** para abrir o trabalho espiritual e **invocar a energia do campo e da natureza**.

## USO DE CORES E ELEMENTOS VISUAIS

Os Boiadeiros também utilizam **cores específicas** para suas roupas e oferendas. As mais comuns são o **azul-escuro**, o **vermelho,** o **marrom** e o **amarelo**, representando a terra, o céu do sertão e o couro dos vaqueiros. Além disso, suas roupas podem conter elementos rústicos, como **chapéus de couro**, **botas** e **fivelas**, reforçando a conexão com a vida no campo. Esses elementos visuais ajudam a estabelecer a presença do Boiadeiro no terreiro e criam uma atmosfera de força e simplicidade durante o trabalho espiritual.

## REGIONALISMO DA LINHA

A **influência regional** dos **Boiadeiros** na umbanda é um tema interessante, porque essa linha espiritual se manifesta de maneira diferente conforme as tradições culturais e espirituais de cada região do Brasil. Aqui estão algumas variações regionais que podemos destacar:

## Nordeste

- No **Nordeste**, a presença dos Boiadeiros tende a estar mais ligada às tradições do sertão, com forte foco na vida dos vaqueiros e na lida com o gado. Os Boiadeiros nessa região são muitas vezes associados a figuras que, em vida, enfrentaram a **seca**, a **fome** e os desafios do sertão. Eles representam o lado mais árduo da vida no campo, trazendo uma energia de **superação** e **resistência**.

- As oferendas e os elementos de trabalho nessa região podem incluir itens mais conectados ao sertão, como **rapadura**, **farofa** e **cachaça**, além do uso de ervas locais, como **quebra-pedra** e **folha de aroeira**. O simbolismo aqui é reforçado pela relação direta com a terra e a luta pela sobrevivência.

## Sudeste

- No **Sudeste**, especialmente em São Paulo e no Rio de Janeiro, os Boiadeiros tendem a estar mais relacionados ao movimento de migração do campo para as grandes cidades. Muitos consulentes enxergam os Boiadeiros como guias que ajudam na **adaptação a novos ambientes**, sejam eles físicos ou espirituais. Assim, os Boiadeiros atuam como facilitadores da vida nas metrópoles, mantendo o simbolismo do campo, mas com ênfase maior na **proteção contra energias urbanas** desestabilizadoras.

- As incorporações tendem a ser mais **festivas** e focadas em conselhos práticos de vida. Além disso, as oferendas podem variar, incorporando elementos mais acessíveis em grandes centros urbanos, como **charutos**, **frutas tropicais** e **aguardente**.

## Centro-Oeste

- No **Centro-Oeste**, onde a vida rural ainda é muito presente, os Boiadeiros se conectam diretamente com a cultura local, sendo reverenciados como **protetores das fazendas** e trabalhadores espirituais ligados à terra e ao gado. Os consulentes dessa região frequentemente buscam os Boiadeiros para lidar com **questões agrícolas** e de **proteção de terras**.

- Elementos como **couro**, **chifres de boi** e **laços** são mais frequentes nos rituais dessa região, simbolizando a força física e espiritual que esses guias representam para os trabalhadores rurais.

### Sul

- No **Sul**, a manifestação dos Boiadeiros é um pouco mais rara, mas, quando presente, reflete os desafios enfrentados por peões e gaúchos. Nessa região, os Boiadeiros são muitas vezes chamados de **Caboclos de Couro**, e suas incorporações refletem a luta contra o clima frio e as grandes distâncias percorridas nos pampas.

- Os rituais podem incluir elementos como **erva-mate**, usada tradicionalmente no chimarrão, e as oferendas tendem a focar elementos mais rústicos e regionais, como **carne-seca**, **charque** e **bebidas alcoólicas** fortes, como **cachaça** e **conhaque**.

## Norte

- No **Norte**, os Boiadeiros tendem a se fundir com a figura dos **Caboclos da Floresta**, refletindo o trabalho no campo e na floresta. Aqui a relação com os animais muda para uma conexão com a **natureza selvagem**, e muitos Boiadeiros são vistos como guardiões dos caminhos e protetores contra os perigos das matas.

- O uso de ervas da floresta, como **jurema** e **cipó**, além de oferendas com **frutas amazônicas** como o **açaí**, é comum nessa região.

Ao encerrarmos nosso estudo sobre a **l**inha dos Boiadeiros, é impossível não sentir a força espiritual desses guias. Eles são mais do que vaqueiros espirituais; são exemplos vivos de **resiliência, coragem e sabedoria** que emergem das lutas mais árduas da vida. Atravessando o sertão, enfrentando tempestades e guiando rebanhos, os Boiadeiros nos ensinam que, assim como o gado segue firme o caminho, nós também podemos superar as adversidades com **foco e determinação**.

Quando um Boiadeiro se manifesta no terreiro, traz não só proteção e força, mas também uma lição profunda sobre a vida: **a importância de caminhar em equilíbrio com a natureza**, com o mundo ao nosso redor e, sobretudo, com nossas próprias forças internas. Eles nos lembram de que, independentemente das dificuldades, **o caminho continua** – e é nossa determinação que abrirá as portas para a vitória.

Com as vestes simples, o chapéu de couro e o laço firme, os Boiadeiros são um reflexo de que a verdadeira força não está nas aparências, mas na **sabedoria acumulada** e na capacidade de se adaptar, de aprender a conduzir, seja um rebanho, seja a própria vida.

Que ao final deste capítulo possamos honrar esses guias como **guardiões dos caminhos abertos** e **defensores da simplicidade**. Que suas lições permaneçam com cada um de nós, lembrando-nos de que, **mesmo nas trilhas mais difíceis, sempre há um horizonte à nossa espera** – e que, com a força dos Boiadeiros, **nenhum caminho está fechado para aqueles que têm fé e coragem para seguir adiante**.

JETRUÁ, BOIADEIRO!

# CAPÍTULO 22

# LINHA DOS MARINHEIROS

A LINHA DOS MARINHEIROS simboliza o espírito daqueles que, em vida, estiveram profundamente conectados com as águas – sejam elas do mar ou dos rios.

Representando desde **militares navais** até **pescadores**, **caiçaras** e **ribeirinhos**, os Marinheiros são entidades espirituais que dominam o simbolismo de **fluidez e adaptação**. Suas vidas, muitas vezes marcadas pela imprevisibilidade do mar e pelas lutas diárias contra tempestades e correntes, refletem lições poderosas de **resiliência** e **coragem**.

Essa linha é fortemente ligada às forças da natureza, e suas entidades trazem o poder curativo das águas para os trabalhos espirituais. O mar, assim como os rios, é símbolo de **purificação** e **renovação**. Os Marinheiros ensinam que, para superar as tempestades da vida, é necessário se **adaptar ao fluxo**, mantendo a calma e a sabedoria diante das adversidades. Como dizem as velhas expressões marítimas, "mar calmo nunca fez bom marinheiro".

No terreiro, a incorporação de um Marinheiro costuma ser marcada por uma atmosfera descontraída. Essas entidades são conhecidas por sua **irreverência**, muitas vezes acompanhada de um humor leve e animado, que traz uma sensação de alívio e tranquilidade aos consulentes. Os Marinheiros chegam como quem conhece os segredos do mar, e sua presença traz o conforto de quem já enfrentou **tempestades** e sabe como conduzir os outros em momentos de **crise emocional**.

Além disso, os Marinheiros estão fortemente conectados a **orixás como Iemanjá**, a Rainha do Mar, **Ogum Beira-Mar**, o guerreiro que domina as águas, e **Oxum**, que reina sobre os rios e as águas doces. Essa ligação espiritual fortalece sua função de **protetores emocionais e curadores**, ajudando as pessoas a **navegarem** pelas dificuldades emocionais e espirituais, sempre com a certeza de que, por mais revolto que seja o mar, as águas sempre voltam a se acalmar.

Quando invocados, os Marinheiros não apenas oferecem **proteção e equilíbrio**, mas também trazem uma mensagem profunda de que a vida, assim como o mar, está em constante movimento – e que é preciso saber **dançar com as marés**, fluindo com as mudanças, sem perder a direção.

## HISTÓRIA E ORIGENS DA LINHA DOS MARINHEIROS

A linha dos Marinheiros na umbanda reflete a conexão ancestral do ser humano com as águas – seja no mar aberto, seja nos rios caudalosos ou nas tranquilas margens de lagos e praias. Esses espíritos, em vida, dominaram o ofício de viver das águas, como **militares navais**, **pescadores**, **navegadores**, **caiçaras** ou **ribeirinhos**. Sua sabedoria, acumulada por gerações, os transformou em símbolos de **resiliência** e **adaptação**, características essenciais para aqueles que lidam diariamente com a imprevisibilidade das águas.

Historicamente, o Brasil, com sua vasta **costa litorânea** e enormes **bacias hidrográficas**, sempre esteve ligado às águas como fonte de vida e subsistência. Para os povos das áreas costeiras, o mar sempre foi uma força a ser respeitada e desbravada, oferecendo sustento, mas também impondo desafios. Nas regiões ribeirinhas, os rios proporcionam alimento, além de conexão entre comunidades isoladas.

Essa relação íntima com as águas moldou a cultura e o espírito de muitas gerações, e é justamente dessa vivência que os Marinheiros na umbanda emergem como **guardiões das águas**.

Seja enfrentando as tempestades no oceano, seja navegando pelas correntezas dos rios, esses espíritos reúnem em si a **força do mar** e a **sabedoria dos rios**. O Marinheiro não é aquele que somente desbrava as águas, mas o que conhece suas profundezas, seus segredos e seus ritmos. Ele compreende que o mar é implacável, mas também curativo, e que os rios, embora tranquilos na superfície, podem ter correntes poderosas na parte de baixo. Essas lições se traduzem no trabalho espiritual dos Marinheiros, que ajudam os consulentes a **navegarem pelas emoções turbulentas da vida** e a encontrarem sua paz interior em meio ao caos.

Ligados aos orixás das águas, como **Iemanjá**, **Oxum** e **demais Iabás**, os Marinheiros atuam como **mediadores espirituais**, recorrendo ao poder das águas para curar, limpar e renovar. Enquanto Iemanjá traz o equilíbrio e a proteção do mar, Oxum oferece a suavidade e a fertilidade dos rios.

No terreiro, os Marinheiros se manifestam com uma energia leve e descontraída, muitas vezes dançando em um ritmo que imita o balanço das ondas. São espíritos que propagam uma sensação de **alívio** e **proteção**, ajudando a dissipar energias negativas e restaurar a calma. Eles ensinam que, por mais revoltas que estejam as águas, é preciso confiar na jornada e seguir navegando, pois a maré sempre muda.

A presença dos Marinheiros na umbanda, portanto, é não apenas a de guias espirituais, mas também a de **mentores emocionais** que nos ajudam a compreender o fluxo natural da vida. Assim como o mar tem suas marés e os rios têm suas correntes, os Marinheiros nos ensinam que, diante das adversidades, é essencial **fluir** com as mudanças, sem resistir, e encontrar em si mesmo a força para continuar navegando.

## ATUAÇÃO NO TERREIRO

No terreiro de umbanda, a linha dos Marinheiros se destaca por sua atuação profunda no campo **emocional e energético**. Eles são chamados principalmente em momentos em que o consulente sente que está "à deriva", sem direção clara, afundado em crises emocionais ou com dificuldade de se reconectar com sua própria essência. Assim como quem navega por águas revoltas, o consulente pode sentir que a vida está fora de controle. É aqui que os Marinheiros, com sua sabedoria adquirida em vidas ligadas aos mares e aos rios, entram em cena para **restaurar o equilíbrio**.

Em seu trabalho no terreiro, os Marinheiros atuam como **mentores emocionais** e **curadores espirituais**. Eles utilizam o poder simbólico da água como meio de purificação e transformação. Quando incorporados, conduzem **banhos espirituais**, **passes** e **defumações** que têm o objetivo de **limpar as cargas emocionais** que pesam sobre o consulente, renovando suas energias e permitindo que este sinta alívio e clareza.

Uma das características únicas dos Marinheiros é sua capacidade de tocar em **camadas mais profundas** do inconsciente do consulente, trazendo à tona **memórias reprimidas** e emoções que muitas vezes não são visíveis na superfície. Como a água, que esconde suas correntes mais fortes abaixo da superfície, os Marinheiros ajudam a acessar **as águas interiores** e a liberar os bloqueios emocionais que impedem o fluir natural da vida. Nesse sentido, o trabalho deles vai além de uma cura emocional simples; trata-se de uma oportunidade de **transformação espiritual** e autoconhecimento.

Outro aspecto importante do trabalho dos Marinheiros é a **proteção espiritual**. Nas giras, eles são invocados para criar um **escudo energético** ao redor do consulente, protegendo-o de influências espirituais negativas. Essa função de **guardiões das águas** também está relacionada à capacidade dos Marinheiros de lidar com espíritos obsessores ou perturbações espirituais. Eles trazem uma energia de força e segurança, assim como os navegadores confiavam em suas habilidades para proteger seus barcos em tempestades no mar.

A diferenciação entre **Marinheiros de Mar** e **Marinheiros de Rio** também é relevante no terreiro. Os Marinheiros de Mar tendem a lidar com situações mais intensas e caóticas, oferecendo cura rápida e energia de proteção forte. Já os Marinheiros de Rio, denominados também **Canoeiros**, são conhecidos por trabalharem com mais **calma e fluidez**, ajudando em situações que exigem **paciência** e **persistência**, como um rio que atravessa obstáculos com suavidade.

Por fim, a energia dos Marinheiros está diretamente ligada à **sabedoria dos orixás das águas**, como **Iemanjá**, que traz proteção e equilíbrio emocional; **Oxum**, que nutre e purifica com suas águas doces; e **Ogum Beira-Mar**, que comanda a força das águas em situações de combate e superação. Os Marinheiros, com sua postura muitas vezes irreverente e descontraída, ensinam que, por mais intensa que seja a tempestade emocional, **há sempre um caminho de volta para a serenidade**. Sua mensagem final é de que, assim como as águas sempre encontram seu curso, também nós devemos aprender a fluir com as mudanças e confiar na nossa capacidade de navegar por qualquer tempestade.

## OFERENDAS E ELEMENTOS RITUALÍSTICOS DA LINHA DOS MARINHEIROS

Na umbanda, as oferendas feitas à linha dos Marinheiros desempenham papel crucial no fortalecimento do vínculo espiritual com essas entidades. Assim como as águas purificam e renovam, as oferendas simbólicas aos Marinheiros são repletas de elementos que remetem ao mar, aos rios e às forças naturais que eles representam. Esses elementos são escolhidos cuidadosamente para refletir a conexão espiritual com a água e suas propriedades curativas.

## OFERENDAS MAIS COMUNS

As oferendas para os Marinheiros incluem uma variedade de itens que remetem ao ambiente aquático e à vida no mar. Elas podem ser oferecidas em praias, rios, cachoeiras ou até mesmo em ambientes internos, com uma simbologia específica ligada à água. A seguir estão alguns dos elementos mais comumente utilizados:

- **ÁGUA SALGADA E ÁGUA DOCE:** a água é o elemento fundamental para a linha dos Marinheiros, sendo usada tanto em oferendas quanto em banhos de purificação. A água salgada representa o mar, enquanto a água doce conecta-se aos rios e às cachoeiras, simbolizando a dualidade de atuação dos Marinheiros.

- **CONCHAS E CORAIS:** símbolos clássicos do mar, as conchas são usadas como canalizadores de energias de proteção e equilíbrio. Elas também são vistas como portais que conectam o mundo físico ao espiritual, representando a sabedoria dos antigos marinheiros que conheciam as profundezas dos oceanos.

- **VELAS BRANCAS E AZUIS:** as cores predominantes para os Marinheiros são o **azul** (simbolizando o mar e a serenidade) e o **branco** (representando a purificação). Velas são acesas em oferendas para atrair a presença desses guias e trazer proteção e limpeza espiritual.

- **BARCOS EM MINIATURA:** outro símbolo poderoso de conexão com o mar, os barcos representam a jornada de vida e a navegação pelos desafios da existência. Eles também simbolizam a capacidade dos Marinheiros de guiar o consulente por águas turbulentas até águas mais calmas.

- **BEBIDAS:** rum e cachaça são as bebidas mais associadas aos Marinheiros, remetendo tanto à tradição dos navegantes quanto às práticas espirituais que envolvem a ingestão simbólica de líquidos para energização e fortificação.

- **FRUTAS TROPICAIS:** comuns nas oferendas aos Marinheiros, frutas como **coco**, **abacaxi** e **melancia** são associadas à nutrição e à doçura da vida, oferecendo ao consulente a energia de vitalidade e renovação emocional.

## ELEMENTOS RITUALÍSTICOS

- **ERVAS E DEFUMAÇÕES:** no trabalho espiritual da linha dos Marinheiros, as **defumações** são rituais essenciais para limpar o ambiente e o campo energético dos consulentes. Ervas como **guiné**, **alecrim** e **alfazema** são frequentemente empregadas, cada uma com propriedades específicas. **Alfazema**, por exemplo, é usada para trazer paz e tranquilidade, enquanto o **guiné** serve para afastar energias negativas e oferecer proteção.

- **BANHOS DE ERVAS:** banhos ritualísticos com ervas e água do mar ou água de cachoeira estão entre os métodos mais eficazes de **purificação espiritual** para os Marinheiros. A combinação de **arruda**, **manjericão** e **malva branca**, por exemplo, é usada para descarrego de energias negativas, enquanto o **chá de alfazema** ou **levante** pode ser adicionado ao banho para promover serenidade e calma.

## SIMBOLISMOS

- **ÂNCORAS E CORDAS:** em muitas oferendas e rituais, o uso de **âncoras** (em miniatura ou desenhadas) é comum, simbolizando o poder de estabilização e proteção que os Marinheiros oferecem. As **cordas** também são bem importantes, representando o domínio sobre as águas e a capacidade de manter o controle sobre situações turbulentas, ancorando o consulente em momentos difíceis.

As oferendas aos Marinheiros podem ser feitas tanto para pedir auxílio quanto para **agradecer** a proteção e a cura. Os rituais de agradecimento são realizados geralmente em **praias**, onde se faz uma oferenda ao mar em retribuição aos serviços espirituais prestados, e o **banho de descarrego** na água do mar ou rio é utilizado para reforçar a limpeza energética.

## FILOSOFIA DOS MARINHEIROS

Os **Marinheiros** na umbanda são mais do que simples espíritos que trazem a força do mar. Eles carregam um simbolismo profundo conectado à **fluidez da vida**, ao **equilíbrio emocional** e à **resiliência** necessária para navegar pelos desafios da existência. Como espíritos que, em vida, lidaram diretamente com as águas – seja no mar, seja nos rios –, os Marinheiros trazem lições práticas e espirituais que refletem a sabedoria do próprio elemento água.

## A ÁGUA COMO SÍMBOLO DE TRANSFORMAÇÃO

Na umbanda, a água é um dos elementos mais poderosos e simbólicos. Ela representa tanto a purificação quanto a transformação. Assim como a água pode moldar a terra e mudar sua forma de maneira constante, as lições dos Marinheiros envolvem a necessidade de adaptação. Eles ensinam que, assim como o mar e os rios, a vida também é fluida e cheia de ciclos. Por isso, devemos aprender a aceitar o fluxo da vida e navegar pelas tempestades sem perder o rumo.

O simbolismo da água também é visto como uma forma de **renovação emocional**. Quando os Marinheiros são chamados para um trabalho espiritual, muitas vezes seu foco está em **purificar as emoções** e remover bloqueios que impedem o consulente de seguir adiante. A metáfora do mar e das águas calmas após uma tempestade serve como um lembrete de que, mesmo em meio às maiores dificuldades, há sempre a possibilidade de encontrar paz e clareza.

## NAVEGAR PELA VIDA COM FLEXIBILIDADE

Um dos principais ensinamentos dos Marinheiros é a **flexibilidade**. Assim como um marinheiro precisa de habilidades para lidar com as imprevisibilidades do mar, também nós devemos aprender a ser flexíveis diante das adversidades. Essa flexibilidade não significa fraqueza, mas sim a **força de se adaptar** às situações difíceis e continuar avançando. Os Marinheiros mostram que é possível enfrentar crises emocionais e espirituais com a calma e o foco necessários para superá-las.

Nos rituais, ao incorporar um Marinheiro, o médium muitas vezes simula o **balanço do mar**, com gestos suaves que imitam as ondas. Esse movimento não apenas é simbólico, mas também atua como uma representação de **conexão emocional** com as águas. Assim, os Marinheiros ajudam os consulentes a lembrarem que, mesmo quando o mar da vida está agitado, é preciso **confiar no fluxo** e permitir que as emoções se resolvam com o tempo, assim como o mar eventualmente se acalma.

## A FORÇA DO COLETIVO E DA PROTEÇÃO

Outra lição fundamental dos Marinheiros é a importância da **proteção e do trabalho coletivo**. O mar é um ambiente vasto e incontrolável, mas os marinheiros sempre trabalham em **equipe**, para garantir a segurança de todos. No terreiro, eles oferecem essa mesma proteção espiritual, criando um **campo energético forte** em torno do consulente. Eles lembram que a força está não em tentar enfrentar as dificuldades sozinho, mas em buscar apoio e proteção.

Essa proteção que os Marinheiros oferecem muitas vezes é vista em situações em que o consulente está vulnerável a ataques espirituais ou emocionais. Ao atuarem como **guardiões espirituais**, os Marinheiros criam um espaço seguro em que o consulente pode se reequilibrar e enfrentar os desafios da vida com mais força.

## A DUALIDADE DO MAR: CALMA E TEMPESTADE

O mar, tal como a vida, tem sua dualidade – pode ser **tanto calmo quanto tempestuoso**. Essa dualidade reflete o trabalho dos Marinheiros, que podem ser invocados tanto para trazer a serenidade necessária em momentos de calma quanto para ajudar a enfrentar as crises mais intensas. A sabedoria dos Marinheiros está em reconhecer que a vida é feita de ciclos, e que aprender a navegar por esses ciclos com **sabedoria emocional** é o segredo para a paz interior.

Assim, os Marinheiros também ensinam a **importância da confiança**. Quando navegamos, confiamos que, apesar das dificuldades, o barco se manterá firme, e que, por mais intensa que seja a tempestade, ela por fim passará. Eles lembram o consulente de que, por mais caótico que seja o momento presente, é preciso manter a calma e confiar que as águas irão se acalmar.

## METÁFORA DA TRAVESSIA

Uma metáfora frequentemente associada aos Marinheiros é a da **travessia**. Em muitos aspectos, a vida é vista como uma jornada através de mares desconhecidos, na qual o destino nem sempre é visível e as águas podem ser imprevisíveis. Os Marinheiros são guias nessa travessia, ajudando os consulentes a **manterem o curso**, mesmo quando o horizonte é incerto. Eles nos ensinam que, embora não possamos controlar as ondas, podemos aprender a manobrar nossas velas e seguir em frente com confiança.

## CURIOSIDADES E PARTICULARIDADES DA LINHA DOS MARINHEIROS

Esses espíritos, muitos dos quais foram marinheiros ou pescadores em suas vidas terrenas, trazem uma carga emocional e espiritual profunda, representando a luta pela sobrevivência em ambientes hostis, como o mar e os rios. Além disso, há paralelos históricos que podemos traçar, como o **Almirante João Cândido**, líder da Revolta da Chibata, que, como marinheiro, personificou a coragem e a busca por justiça. Sua trajetória ressoa no arquétipo do Marinheiro, que enfrenta adversidades e busca a liberdade, dando nome a uma falange de marinheiros navais na religião.

## A PERSONALIDADE FLUIDA E IRREVERENTE

Manifestam-se com uma **energia descontraída e alegre**. São conhecidos por sua irreverência, frequentemente fazendo piadas e criando uma atmosfera leve durante suas incorporações. Essa abordagem espirituosa é fundamental para o trabalho que desempenham: ajudar os consulentes a encontrarem o **equilíbrio emocional**, mesmo em meio a turbulências. O humor é uma ferramenta poderosa para quebrar o peso das preocupações diárias, e os Marinheiros utilizam isso para desarmar tensões e facilitar a cura.

Assim como os **grandes marinheiros da história** que enfrentaram as tempestades do oceano, como o lendário Almirante João Cândido, que liderou um motim histórico em defesa da dignidade de seus companheiros, os Marinheiros da umbanda trazem uma energia de **coragem e justiça**. Eles lembram o consulente de que, mesmo diante de situações difíceis, é possível manter a calma e a dignidade e seguir navegando.

## O BALANÇO DAS ÁGUAS

Um dos traços mais marcantes das incorporações dos Marinheiros é o **balanço do corpo**, que simula o movimento das ondas do mar. Esse movimento não é estético, mas uma forma de expressar o **fluxo natural da vida** e a **adaptação** às mudanças. Ao observar esse balanço, o consulente é convidado a deixar que as águas da vida o levem, sem resistência, aceitando os desafios como parte de uma jornada maior. Esta é uma das principais lições dos Marinheiros: **fluir com as marés** da vida, mesmo quando tudo parece estar fora de controle.

## A RELAÇÃO COM O TEMPO E AS ESTRELAS

Na vida terrena, os marinheiros utilizavam as **estrelas** para navegar em alto-mar, especialmente quando estavam longe das costas. Na umbanda, essa simbologia é mantida, com as estrelas representando a **orientação espiritual** e a capacidade de manter o rumo, mesmo quando tudo parece incerto. Os Marinheiros nos ensinam que, por mais que o presente seja tempestuoso, as estrelas – metáfora para a sabedoria espiritual – sempre estão lá para guiar o caminho, basta que estejamos abertos para segui-las.

O tempo, assim como o mar, também é fluido e não pode ser apressado. Para os Marinheiros, a paciência é uma virtude fundamental. Assim como as marés têm seus momentos de subir e descer, a cura emocional e espiritual precisa seguir seu curso natural. Os consulentes são, muitas vezes, lembrados de que não há atalhos no caminho da **autocura** e de que é necessário aprender a navegar com paciência.

## NOMES COMUNS DE MARINHEIROS

Os nomes das entidades da linha dos Marinheiros costumam evocar o mar, a navegação e os elementos aquáticos. Eles também refletem a sabedoria e o papel protetor que desempenham no terreiro. Alguns nomes comuns incluem:

### Marinheiros

- **CAPITÃO SETE ONDAS:** relacionado ao poder de enfrentar as adversidades como ondas no mar.

- **SEU JOÃO DA PRAIA:** um Marinheiro de energia acolhedora, ligado ao litoral, que ajuda a trazer proteção e paz.

- **MARTIN PESCADOR:** conhecido por sua ligação com a pesca e a paciência. Sua energia é suave, com ensinamentos sobre a importância de esperar o momento certo para agir.

- **CAPITÃO DOS SETE MARES:** representa a coragem e o comando em situações de grande adversidade. Sua força é evocada para enfrentar tempestades emocionais e espirituais, oferecendo proteção e orientação em momentos de crise.

- **MARUJO DA ESTRELA GUIA:** conectada às estrelas que guiam os navegantes no mar, essa entidade traz clareza e direção espiritual, especialmente para consulentes que se sentem perdidos ou desorientados em suas jornadas pessoais.

- **ZÉ DO MAR:** simboliza a serenidade das águas profundas e a clareza emocional.

- **MARINHEIRO DAS ÁGUAS:** um espírito conectado à força das marés e à sabedoria do mar.

- **JOSÉ DAS CONCHAS:** associado à proteção espiritual e à sabedoria extraída da experiência no mar.

- **SEU PORTO SEGURO:** um Marinheiro que representa estabilidade e orientação espiritual, especialmente em momentos de crise.

- **SETE ESTRELAS DO MAR:** ligado à orientação espiritual, guiando os consulentes através das dificuldades com sabedoria e clareza.

- **JOÃO PESCADOR:** simboliza paciência e resiliência, ajudando a "pescar" oportunidades e soluções.

- **ZÉ NAVEGANTE:** um Marinheiro que atua na condução e proteção daqueles à deriva, tanto espiritualmente quanto emocionalmente.

### Marinheiras

- **MARIA DO MAR:** representa a força e a serenidade do mar, ajudando os consulentes a navegarem por emoções difíceis.

- **ONDINA DAS ÁGUAS:** uma Marinheira conectada às águas doces, simbolizando a suavidade e a nutrição espiritual.

- **ROSA DAS ÁGUAS:** ligada à beleza e à purificação emocional, Rosa é conhecida por trazer conforto e cura.

- **DONA SEREIA:** simboliza o encantamento e a força espiritual das águas, agindo como guia e protetora.

- **MARIANA DO MAR:** conhecida por sua força emocional e sua capacidade de renovar as energias do consulente.

- **IARA DA COSTA:** ligada às águas calmas e à sabedoria ancestral, ajuda os consulentes a encontrarem paz interior.

- **DONA SETE MARES:** uma Marinheira de grande força e proteção, agindo especialmente em momentos de dificuldades emocionais.

- **RAINHA DOS RIOS:** atua com as águas doces, trazendo renovação e paz aos consulentes que enfrentam crises pessoais.

- **CATARINA DA PRAIA:** associada à calmaria das praias, ajuda a dissipar as preocupações e a encontrar clareza emocional.

- **MARINHEIRA DA LUZ:** simboliza a iluminação espiritual, ajudando os consulentes a se reconectarem com sua essência interior.

## ELEMENTOS DE TRABALHO E OFERENDAS

- **ÁGUA SALGADA:** representa a força e a pureza do mar, sendo usada em rituais de purificação e descarrego, limpando as energias negativas e restaurando o equilíbrio espiritual.

- **CONCHAS E CORAIS:** esses itens conectam o trabalho espiritual dos Marinheiros com a sabedoria do fundo do mar, atuando como portais de proteção e renovação.

- **VELAS BRANCAS E AZUIS:** as cores simbolizam a luz e a clareza trazidas pelo mar, sendo usadas para abrir os caminhos e iluminar o ambiente espiritual.

- **RUM OU CACHAÇA:** comumente oferecidas nas giras, essas bebidas remetem à vida dos marinheiros e têm um papel magístico de energização e abertura de caminhos.

- **FRUTAS TROPICAIS:** frequentemente utilizadas para revitalizar e nutrir, trazendo a doçura da vida e renovação emocional.

- **BARCOS EM MINIATURA:** símbolos de proteção e navegação, esses barcos são colocados como oferendas para guiar o consulente por momentos difíceis e proporcionar estabilidade espiritual.

- **ÂNCORAS:** simbolizam a segurança emocional e a capacidade de se manter firme diante das adversidades.

## TRAVESSIA INTERIOR

O mar sempre foi um lugar de mistério, força e renascimento. Ao final desta jornada pelas águas espirituais da linha dos Marinheiros, talvez você sinta o despertar de algo profundo dentro de si, uma vontade quase urgente de se encontrar com essas entidades que, em suas falas simples e gestos suaves, trazem ensinamentos de uma vida inteira vivida em movimento.

Quando o Marinheiro incorporar e balançar como as ondas, será que você estará pronto para fazer as perguntas certas? O que deseja entender sobre suas próprias águas internas? Cada um de nós tem uma travessia a realizar, e os Marinheiros estão ali não apenas para acalmar o mar revolto, mas também para ensinar que é possível navegar com confiança, por mais tempestuoso que seja o cenário ao redor.

Ao visitar o terreiro, talvez você se surpreenda ao descobrir que as respostas que busca não estão em algum lugar distante, mas nas profundezas da sua própria alma – guiadas pelas mãos firmes de um **Marinheiro**. Qual é a tempestade que precisa enfrentar? Quais emoções têm se agitado dentro de você, esperando para serem compreendidas e resolvidas?

A verdadeira magia dos Marinheiros está em acalmar as águas ao seu redor e em ajudá-lo a **navegar as marés** da vida, ensinando que, mesmo em meio ao caos, você pode encontrar a paz interior e a direção que tanto busca. Ao encontrá-los, esteja preparado para essa travessia – porque eles não lhe darão somente respostas, mas ferramentas para que você mesmo aprenda a **ler as estrelas**, a **entender as marés** e a **confiar no seu próprio barco**.

SALVE A MARUJADA!

SALVE O POVO D'ÁGUA!

MARÉ!

# CAPÍTULO 23

# LINHA DOS JUREMEIROS

**NAS PROFUNDEZAS DO BRASIL**, em meio às matas e aos sertões, onde o vento sopra histórias antigas, surgem os **Juremeiros**, mestres de uma tradição que atravessa o tempo e as culturas. São espíritos que, em vida, dominavam os rituais da **jurema sagrada ou catimbó**, uma prática de cura e encantamento que une o conhecimento indígena, africano e europeu. No entanto, ao se manifestarem nos terreiros de **umbanda**, esses mestres não somente repetem seus antigos rituais, mas também os adaptam, integrando-se de forma fluida à espiritualidade viva e dinâmica da religião.

Ao longo das gerações, esses mestres espirituais – como **Mestre Zé Pelintra da Jurema**, **Mestra Maria Arcanja** e **Mestre Zezinho** – passaram a ser reverenciados por sua sabedoria, sua força curativa e sua presença acolhedora. Quando incorporam, trazem o poder de cura não só para o corpo, mas também para a alma, guiando aqueles que os buscam em momentos de necessidade. No terreiro, os Juremeiros são mais do que guias espirituais; eles são **curadores ancestrais**, seres que entendem a natureza das dores humanas e as transformam em sabedoria prática e espiritual.

Essa adaptação dos rituais de cura, que antes dependiam do uso literal da **Jurema** – uma planta sagrada –, agora é simbolizada por outros elementos: ervas, flores e orações que evocam a força dos encantados. Esse ajuste, no entanto, não enfraquece a magia desses mestres, mas demonstra a **generosidade espiritual** deles, que se moldam às necessidades do terreiro e aos consulentes, mantendo a essência do seu trabalho de cura, mas dentro do contexto da umbanda.

Estar diante de um Juremeiro é entrar em contato com uma força que transcende o tempo. São espíritos que têm o poder das **florestas sagradas**, do **sertão místico** e do **mar encantado**. Ao trazerem suas preces, seus cânticos e seus gestos, eles nos convidam a adentrar um mundo onde o espiritual e o natural se fundem. E, nesse espaço sagrado, não há divisão entre o que é físico e o que é invisível – tudo é **cura**, tudo é **transformação**.

Neste capítulo, vamos explorar como esses mestres atuam, trazendo o conhecimento de seus rituais antigos para o presente, e como, ao se manifestarem na umbanda, continuam a ser guias, conselheiros e curadores de uma sabedoria ancestral.

## QUEM SÃO E COMO ATUAM

Esses mestres, ao retornarem à Terra como entidades, trazem não só suas habilidades rituais, mas também a experiência de uma conexão profunda com a natureza e os encantados.

Entre os nomes que circulam pelos terreiros, encontramos **Mestre Zé Pelintra da Jurema**, que, embora muitas vezes confundido com o Zé Pelintra da malandragem, tem raízes profundamente ligadas à prática da cura espiritual e ao poder de transformar energias. Ao se manifestar, ele não só aconselha, mas também trabalha com a manipulação de elementos simbólicos que evocam os antigos rituais juremeiros. Já **Mestra Maria Arcanja**, uma das figuras femininas mais respeitadas da linha, tem uma energia que acolhe e protege, lembrando todos de que, mesmo nas adversidades, existe uma força materna e ancestral que nos guia. É por meio do toque delicado e da palavra firme que ela revela o caminho da cura emocional e espiritual. Esses mestres espirituais mantêm as tradições que aprenderam em vida, mas agora atuam de forma sutil, adaptando-se às necessidades de cada terreiro.

**Ervas**, **incensos** e até mesmo **bebidas simbólicas**, como o vinho da Jurema, são os elementos de trabalho que marcam sua presença. Mas o verdadeiro poder desses espíritos não está nos objetos que utilizam, mas sim na sabedoria com que guiam os consulentes, ajudando-os a enfrentarem seus dilemas e a enxergarem as soluções que a natureza e o espiritual oferecem.

Cada gesto desses mestres é uma lembrança de que, no mundo espiritual, tudo está conectado – e é essa conexão que eles trazem para o terreiro. Ao mesmo tempo que trabalham a cura espiritual, ajudam a restaurar o equilíbrio emocional e físico daqueles que os buscam. Com suas falas simples, mas carregadas de sabedoria, eles ensinam que a verdadeira cura não se encontra fora de nós, mas dentro, na capacidade de ouvir a própria alma e se reconectar com as forças que nos cercam.

As incorporações dos **Juremeiros** são experiências transformadoras. Suas presenças são sentidas como um vento suave que traz a força de anos de sabedoria e prática espiritual. Cada entidade tem sua própria história e energia, mas todas têm em comum o mesmo propósito: auxiliar o consulente a se libertar dos obstáculos espirituais e emocionais que o afligem, sempre utilizando os conhecimentos ancestrais que marcaram suas jornadas.

Através de passes de cura, orientações espirituais ou limpezas energéticas, os **Mestres da Jurema** atuam de forma abrangente, cuidando do corpo, da mente e do espírito. E o mais belo de suas manifestações é que, enquanto nos curam, também nos ensinam a viver em harmonia com o mundo natural e espiritual, lembrando que somos parte de algo muito maior, que ultrapassa o que nossos olhos podem ver.

## ADAPTAÇÃO DOS RITUAIS DOS JUREMEIROS NA UMBANDA

Mais do que guias, eles são curadores de cicatrizes invisíveis, tanto no corpo quanto na alma. Por meio de gestos simples e palavras precisas, tocam dimensões da vida que muitas vezes desconhecemos. Para eles, o espiritual e o material caminham juntos; e é com essa visão que trabalham a transformação de quem os procura.

Não há pressa em seus rituais, pois entendem que o processo de cura é lento, como a semente que germina no tempo certo. Suas curas não se limitam aos rituais visíveis, elas acontecem no encontro entre o sagrado e o terreno, onde a energia da natureza é convocada para limpar, restaurar e renovar. Para esses mestres, a vida espiritual é inseparável da vida comum. O uso de elementos como as **ervas**, os **maracás** e as **flores** serve não apenas para evocar a espiritualidade, mas também para ancorar essa energia no presente, tornando-a real e tangível.

A cura promovida pelos **Juremeiros** não é um ato isolado. Ela reflete um processo profundo de reconexão com as forças da vida, uma lembrança de que somos parte de algo muito maior. O consulente que se aproxima com angústias e dores encontra, em cada gesto desses mestres, não somente alívio, mas também uma recondução ao caminho da harmonia. O toque, o olhar atento, a palavra certeira – tudo carrega um peso ancestral que, no presente, nos reconduz a nossa própria essência.

## O PAPEL TERAPÊUTICO DOS MESTRES DA JUREMA

O que diferencia o trabalho dos Mestres da Jurema do de outras linhas espirituais na umbanda é a **abordagem terapêutica e integrativa**. Quando um Juremeiro se manifesta, não busca só resolver o problema imediato que o consulente apresenta; busca restaurar o equilíbrio completo entre mente, corpo e espírito. Esse é o aspecto terapêutico que conecta o consulente ao processo de cura de forma consciente, permitindo que ele também participe ativamente de sua própria transformação.

Para os **Juremeiros**, a cura é vista como um processo de autodescoberta. Muitas vezes, o que se manifesta como um problema material, físico ou até espiritual está enraizado em traumas emocionais ou padrões energéticos bloqueados. Os mestres, com sua sensibilidade ancestral, percebem isso e, por meio de suas práticas de cura, ajudam a pessoa a acessar essas camadas ocultas de si mesma. Com gestos simples e palavras poderosas, eles abrem caminhos para que o consulente reencontre sua própria força interior.

## CURIOSIDADES E PARTICULARIDADES DOS JUREMEIROS NA UMBANDA

Os **Juremeiros**, além de toda a sabedoria e do poder de cura, apresentam peculiaridades e curiosidades que os tornam ainda mais singulares no universo da umbanda. Essas características estão profundamente enraizadas na tradição da **Jurema Sagrada**, mas ganham novas expressões no contexto umbandista. Diferentemente de outras linhas, os Juremeiros costumam se apresentar de maneira mais serena, sem os elementos de teatralidade que às vezes marcam outras manifestações mediúnicas.

Um dos aspectos mais interessantes dos **Mestres da Jurema** é a forma como eles preservam suas **ferramentas de trabalho espiritual**. Se em vida usavam elementos físicos, como ervas e raízes específicas, no plano espiritual continuam a recorrer a essas **ervas** e **flores** para realizar seus tratamentos. No terreiro, isso se traduz no uso de banhos de ervas, defumações e passes de cura; os Mestres da Jurema manipulam essas energias com precisão e maestria.

Outro ponto a ser destacado é o vínculo dos Juremeiros com a **natureza**. Eles frequentemente invocam os **encantados**, espíritos da natureza que atuam em harmonia com os Mestres. Esse vínculo profundo com os elementos naturais se reflete em suas práticas e na forma como interagem com os consulentes. É comum que, após uma consulta com um Juremeiro, o consulente receba orientações específicas sobre como se reconectar com a natureza – seja tomando um banho de cachoeira, seja caminhando descalço na terra ou fazendo uso de certas plantas.

Além disso, existe uma forte crença de que os **Juremeiros** têm uma relação estreita com os **encantados da mata** e com as **forças das águas**, o que os coloca em uma posição de grande poder no trabalho de **cura espiritual**. As ervas por eles usadas não são apenas simbólicas; carregam a energia desses encantados, tornando seus tratamentos espirituais profundamente eficazes.

Cada **Mestre Juremeiro** tem uma identidade própria, manifestada por seus **nomes simbólicos**. Esses nomes geralmente estão associados a elementos naturais ou à própria estrutura da Jurema, como **Mestre Zé Pelintra da Jurema**, **Mestra Maria Arcanja**, **Mestre Zezinho** e tantos outros. Essas entidades carregam as histórias de seus nomes, as quais estão ligadas ao seu campo de atuação e ao tipo de cura que oferecem. Quando essas entidades se manifestam, os médiuns costumam incorporar gestos e posturas que lembram o estilo de vida simples e profundamente conectado à terra desses mestres.

## DESAFIOS DE COMPREENSÃO DOS JUREMEIROS

A linha dos **Juremeiros** na umbanda é, sem dúvida, uma das mais regionalizadas dentro da vasta estrutura espiritual da religião. Oriundos principalmente do Nordeste brasileiro, os mestres Juremeiros trazem práticas e tradições bastante influenciadas pela cultura local, especialmente aquelas ligadas ao **catimbó-jurema**. É uma linha que, apesar de ser rica em sabedoria ancestral e poder de cura, muitas vezes é pouco compreendida ou até marginalizada em alguns terreiros, que não conseguem absorver totalmente a profundidade de seus rituais e ensinamentos.

O fato de os **Juremeiros** aparecerem em outras linhas, como na linha dos **Baianos**, demonstra a necessidade de adaptação desses espíritos dentro da estrutura espiritual da umbanda. Em muitos terreiros, esses mestres acabam assumindo identidades híbridas, transitando entre linhas para que possam ser aceitos e manifestar seu trabalho. Isso é uma clara demonstração de como a **organização espiritual** da umbanda ainda enfrenta desafios de abarcar a imensidão de saberes e tradições de espíritos como os Juremeiros.

Essa fragmentação, devido à qual os mestres precisam "se encaixar" em outras linhas, como a dos **Baianos** ou até mesmo a dos **Caboclos**, revela uma dificuldade na aceitação plena dessas entidades, que têm origens regionais e práticas que fogem ao padrão de outros espíritos mais amplamente reconhecidos na umbanda. Isso levanta a questão de como os terreiros lidam com a vastidão de sua espiritualidade e com a complexidade dos espíritos que, muitas vezes, precisam se moldar a um novo contexto para serem aceitos.

No entanto, essa dinâmica também pode ser vista como uma forma de **resistência espiritual**. Assim como muitos espíritos da linha dos Baianos, que carregam em si as histórias de migração e adaptação, os Juremeiros também simbolizam a capacidade de transitar entre mundos e se transformar sem perder a essência. São mestres de cura e de conhecimento ancestral que, mesmo que tenham de se camuflar em outras falanges, continuam a realizar seus trabalhos de forma profunda e eficiente.

Essa crítica aponta para a necessidade de uma reflexão mais ampla na umbanda sobre como acolher e integrar melhor as diversas linhas de trabalho espiritual. Os **Juremeiros** trazem uma rica tradição regional e, quando compreendidos em sua totalidade, podem oferecer ao terreiro uma dimensão espiritual que vai além das fronteiras convencionais. São espíritos que mostram que a umbanda é viva, fluida e aberta, sempre pronta para expandir e abarcar a pluralidade do sagrado.

## BRASIL PROFUNDO – A ALMA VIVA E PLURAL DA UMBANDA

A umbanda tem em sua essência a força e a diversidade do Brasil. Em cada linha espiritual, vemos refletidas a luta, a resistência e a adaptação de um país construído sobre uma confluência de culturas. Ser uma religião brasileira não é apenas uma questão geográfica – é uma afirmação de pertencimento, um **orgulho profundo**. A umbanda é, antes de tudo, o reflexo espiritual de um Brasil que pulsa com vida, fé e renovação.

As linhas que compõem o **Brasil profundo** não só contribuem com a força dos povos migrantes, sertanejos e ribeirinhos, mas também representam o espírito de transformação. Cada entidade é uma guardiã das histórias não contadas do Brasil, das jornadas de resistência silenciosa que, ao longo de séculos, ajudaram a moldar este país. E, assim como o povo brasileiro, as entidades da umbanda também resistem. **Você já parou para pensar que cada entidade que pisa no chão do terreiro carrega a história invisível de um Brasil resiliente?** Ao ouvir os tambores, é o pulsar do coração do Brasil profundo que ecoa.

Mas a umbanda é mais do que um reflexo do Brasil; ela é um espaço de **cura e transformação pessoal**. As entidades que ali se manifestam nos conduzem pelas trilhas espirituais e **transformam** cada indivíduo que as encontra, criando pontes entre o sagrado e o humano. A força do Caboclo que vem da mata, o acolhimento do Preto-Velho que conhece as dores da terra, e a alegria dos Erês que ressalta a inocência do futuro – todos atuam diretamente na nossa evolução. Eles tanto representam o Brasil quanto nos moldam para sermos melhores, mais conscientes, mais conectados com nossas raízes espirituais.

Nesse vasto universo de forças espirituais, encontramos ainda outros grupos regionais, muitas vezes desconhecidos ou subestimados, como a **Família de Légua**, que transita pelas estradas invisíveis, conectando-se com as linhas de Baianos, Boiadeiros, Caboclos e Exus, **e os Turcos da região amazônica**, espíritos que carregam a herança de comerciantes e desbravadores, presentes especialmente no Pará, onde a vida e a espiritualidade se encontram nas margens dos rios. São eles que, junto aos outros espíritos regionais, simbolizam a capacidade da umbanda de acolher, transformar e adaptar-se.

Esses espíritos, que muitas vezes precisam **transitar entre diferentes linhas** para serem aceitos, refletem um desafio maior: a dificuldade que ainda existe em alguns terreiros de compreender a **riqueza e complexidade da organização espiritual**. Mesmo hoje, muitos mestres e falangeiros precisam se "camuflar" em outras linhas para poder manifestar seu trabalho e sua sabedoria. Isso nos convida a uma reflexão crítica: como podemos, enquanto religiosos, abrir espaço para toda a diversidade espiritual que compõe a umbanda? Como podemos acolher plenamente esses espíritos que contribuem com o poder de cura e transformação?

Assim como o povo brasileiro, que resistiu às adversidades da colonização, escravidão e migração, os espíritos da umbanda também encontram seus próprios caminhos de **resistência e adaptação**. Eles transitam entre mundos, entre linhas, e sempre retornam com a mesma missão: **cuidar de seus filhos, proteger, guiar e transformar**. E, assim, a umbanda se mantém viva, evoluindo com o Brasil, sem jamais perder sua identidade.

Encerramos este bloco com uma verdade que ecoa em cada terreiro: **a umbanda é Brasil**. Não há outro lugar no mundo onde tantas culturas, tantas histórias e tantas almas se encontrem em um espaço sagrado. **Aqui o sagrado é plural**. E é nessa pluralidade que reside a verdadeira força da umbanda – uma espiritualidade que abraça o Brasil com todas as suas cores, vozes e lutas. Porque, no final, **cada entidade é Brasil**, e cada terreiro é uma manifestação viva do coração deste país.

LINHAS DA GLOBALIZAÇÃO ESPIRITUAL:

# POVO DO ORIENTE, CIGANOS E SEMIROMBA

A umbanda é uma religião que transcende fronteiras, e neste bloco mergulhamos nas influências globais que enriquecem nossa espiritualidade. O Povo do Oriente apresenta a sabedoria milenar da Ásia, com sua serenidade e seu profundo conhecimento espiritual. Esses espíritos nos ensinam a importância do equilíbrio interior, da meditação e da busca por paz em meio ao caos.

Já os Ciganos, com sua energia vibrante e seus segredos antigos, nos falam sobre liberdade, movimento e a sabedoria de viver intensamente, respeitando os ciclos da vida. Eles nos lembram de que somos viajantes no mundo, sempre em busca de aprendizado e transformação.

Semiromba, uma presença muitas vezes envolta em mistério, carrega as influências espirituais da Europa e da tradição católica. Ela nos conecta à essência do cristianismo e nos desafia a ampliar nossa visão espiritual.

A generosidade da globalização espiritual está em nos mostrar que a espiritualidade não tem limites. A umbanda acolhe todas as tradições e culturas, integrando-as com sabedoria e respeito. É a prova de que o espírito humano busca o sagrado em todas as suas formas, e de que, em qualquer lugar do mundo, há lições e energias que podem nos ajudar a crescer.

CAPÍTULO 24

# POVO DO ORIENTE

**O POVO DO ORIENTE**, ou linha do Oriente, na umbanda surge como uma síntese das influências de diferentes culturas místicas que chegaram ao Brasil, especialmente a partir do final do século 19 e início do século 20. A imigração de povos do Oriente Médio, da Ásia e do norte da África trouxe tradições espirituais milenares que, com o tempo, foram absorvidas pelo caldeirão cultural da umbanda. Essas entidades orientais refletem saberes e práticas que transcendiam as religiões locais, mas que se integraram à umbanda como fontes de cura e autoconhecimento.

Durante esse período, o Brasil experimentava uma grande onda de imigração, que incluía **árabes**, **turcos**, **japoneses** e chineses. Esses povos, com suas filosofias espirituais e tradições religiosas, começaram a se misturar com as práticas afro-brasileiras e indígenas, gerando um rico intercâmbio cultural. Lurdes de Campos Vieira, em *A linha do Oriente na* *umbanda*, destaca como falanges de mestres orientais começaram a se manifestar em terreiros, representando povos de várias partes do Oriente, como **persas**, **monges tibetanos**, **sufis** e **mestres zen**. Essas falanges refletem o sincretismo dinâmico e plural da umbanda, que acolhe práticas e símbolos espirituais de várias tradições, sempre com o intuito de promover a elevação espiritual e a cura.

Esses mestres, como aqueles da **Falange do Turco** e dos **Mestres Persas**, traziam consigo rituais e saberes que se conectavam às antigas tradições de cura e meditação. Welthon Rodrigues Cunha, na dissertação *A linha do Oriente na umbanda: função e construção simbólica religiosa*, destaca que a **Linha do Oriente** estruturou todo um campo ritualístico próprio dentro da umbanda, oferecendo práticas que dialogam com os desafios modernos e o sincretismo ecletista da religião.

A imigração árabe no Brasil foi um fator determinante para o surgimento dessas práticas. Os árabes, incluindo **libaneses e sírios**, chegaram ao Brasil principalmente entre o final do século 19 e início do século 20. Embora a maioria deles fosse cristã, alguns muçulmanos mantiveram as tradições do **sufismo**, uma vertente mística do islã que valoriza a busca pela verdade divina por meio da oração e da meditação. Com o tempo, as figuras dos mestres sufistas começaram a aparecer nos terreiros, associados ao trabalho espiritual de aconselhamento e cura emocional.

Outro grupo que contribuiu significativamente foi o dos **japoneses**, que chegaram ao Brasil em grande número a partir de 1908. A filosofia zen-budista, com ênfase na meditação, no equilíbrio e na busca do despertar espiritual, também encontrou espaço na umbanda. Mestres **zen** e **taoístas** começaram a ser identificados na linha do Oriente, trazendo práticas como a **meditação guiada** e o uso de **incensos e símbolos energéticos**, como o **yin-yang** e o **OM**. Segundo Cunha, a presença dessas entidades orientais indicava a capacidade da umbanda de se adaptar e incorporar elementos de várias culturas, criando uma prática espiritual que dialoga com a **modernidade** e os **desafios globais**.

Além dos sufistas e zen-budistas, a **tradição hindu** também desempenha um papel importante na linha do Oriente. **Mestres e iogues** com o conhecimento dos chacras, da meditação transcendental e das práticas de reequilíbrio energético estão presentes nos terreiros, oferecendo uma dimensão espiritual baseada no controle da mente e da energia vital. Essas entidades, ao trabalharem com os chacras, ajudam os consulentes a desbloquearem suas energias, promovendo o equilíbrio físico, emocional e espiritual.

Esse caldeirão cultural da umbanda revela a riqueza de influências da **linha do Oriente**. Não se trata apenas de espíritos que encarnaram em culturas específicas, mas de um entendimento profundo de como diferentes tradições espirituais podem coexistir e contribuir para a elevação espiritual de uma sociedade multicultural como a brasileira. A pluralidade da linha do Oriente reforça o caráter acolhedor e flexível da umbanda, capaz de integrar práticas e saberes de todas as partes do mundo.

## MESTRES ORIENTAIS E SUAS PRÁTICAS ESPIRITUAIS

Na umbanda, os **Mestres da linha do Oriente** são reconhecidos pelas práticas e pelos ensinamentos espirituais baseados em antigas tradições do Oriente. Esses mestres têm a capacidade de integrar as filosofias de várias culturas, como o budismo, o taoísmo, o sufismo e o hinduísmo, promovendo a cura e o desenvolvimento espiritual dos consulentes. O que une essas entidades é o foco na **elevação espiritual**, no **autoconhecimento** e na busca pelo **equilíbrio energético**.

## SABEDORIA MÍSTICA DO JAPÃO E DA CHINA

Mestres de tradições asiáticas, como monges **zen-budistas** e sábios **taoístas**, trabalham no terreiro com a energia do equilíbrio (yin-yang) e o poder da meditação. A prática zen, por exemplo, é conhecida por sua ênfase no **desapego mental** e no controle da mente por meio de técnicas de respiração. Os monges orientais manifestam essa sabedoria com passes suaves e energias curativas que promovem a **harmonia entre corpo e espírito**.

Esses mestres também usam **símbolos místicos**, como o **yin-yang**, representando a dualidade da vida e o equilíbrio entre opostos, e o **OM**, que simboliza a unidade entre o ser individual e o Universo. Em muitas giras, os médiuns que incorporam essas entidades utilizam **incensos**, **mantras** e **mudras** (gestos sagrados com as mãos), elementos característicos de suas práticas.

## CULTURA INDIANA E TIBETANA

A tradição espiritual indiana, marcada por gurus e **iogues**, está presente nos terreiros da umbanda por meio dos mestres da linha do Oriente. Esses guias trabalham com práticas de **reequilíbrio energético**, focando os **chacras** – centros de energia do corpo. Suas manifestações envolvem técnicas de cura espiritual que desbloqueiam esses centros, ajudando o consulente a lidar com bloqueios físicos, emocionais e espirituais.

Além disso, os mestres tibetanos trazem o conhecimento de **meditações profundas** e da **transcendência espiritual**. Eles ajudam na cura de traumas e na eliminação de energias densas, promovendo uma reconexão com a essência divina e o equilíbrio energético. A prática do **som sagrado** e dos **mantras tibetanos** é uma marca dessas entidades, que costumam guiar o consulente em processos meditativos durante os rituais.

## INFLUÊNCIAS MUÇULMANAS E SUFISTAS

Os mestres ligados às tradições **muçulmanas** e **sufistas** são guias que trabalham profundamente com a **fé** e a **rendição espiritual**. O sufismo, uma vertente mística do islã, é conhecido por sua busca pela conexão direta com o divino por meio do amor e da devoção. Essas entidades conduzem trabalhos espirituais baseados na **oração meditativa** e na busca pela verdade interior, promovendo a paz e a transcendência.

A prática do **sufismo**, centrada no conceito de **fusão com o divino**, reflete-se nos rituais conduzidos por esses mestres, em que a entrega e a confiança em um plano maior ajudam o consulente a alcançar estados de calma profunda e compreensão espiritual. Esses mestres incentivam a prática da meditação silenciosa e das orações, guiando o consulente a olhar para dentro, sempre em busca de respostas espirituais que tragam clareza e paz.

## SABEDORIA PERSA E EGÍPCIA

Os mestres espirituais com influências da antiga **Pérsia** e do **Egito** têm uma forte conexão com o **co-**

**nhecimento astrológico** e o poder dos **ciclos naturais**. Eles atuam no terreiro como guias que ajudam a alinhar os consulentes com os ritmos cósmicos, promovendo um entendimento mais profundo sobre o impacto dos ciclos lunares e solares na vida cotidiana.

Esses mestres são conhecidos por utilizarem símbolos poderosos, como a **cruz ansata** (ankh) e o **olho de Hórus**, representando proteção, vida eterna e clarividência. Suas práticas incluem leituras astrológicas e o aconselhamento baseado nos movimentos dos astros, oferecendo ao consulente uma visão mais ampla dos desafios e das oportunidades, sempre conectando o microcosmo da vida individual ao macrocosmo do Universo.

## A INTEGRAÇÃO DAS SABEDORIAS ORIENTAIS

A riqueza da **linha do Oriente** está justamente na capacidade dessas entidades de integrarem sabedorias ancestrais e aplicá-las ao contexto contemporâneo dos terreiros de umbanda. Os mestres do Oriente não se limitam a uma única tradição religiosa; em vez disso, eles mesclam filosofias e práticas de diversas culturas orientais, adaptando-as às necessidades espirituais dos consulentes.

O poder dessas entidades está em sua habilidade de promover **cura emocional e energética**, usando métodos milenares adaptados a um contexto moderno. A sabedoria que trazem não se restringe ao passado; ela é viva e dinâmica, ajustada para os desafios do presente, tornando-se um recurso valioso para aqueles que buscam equilíbrio e desenvolvimento espiritual no ambiente plural da umbanda.

## A FUNÇÃO DOS MESTRES ORIENTAIS NO TERREIRO

Os mestres da **linha do Oriente** na umbanda desempenham um papel essencial nos terreiros, promovendo a **cura espiritual** e o **equilíbrio energético** de maneira única. Suas manifestações são marcadas por uma abordagem tranquila e filosófica, em que cada gesto e cada palavra, são guiados por uma sabedoria ancestral. Com foco claro no autoconhecimento, esses mestres ajudam os consulentes a navegarem pelos desafios da vida moderna, trazendo paz e serenidade.

## ELEVAÇÃO VIBRACIONAL E CONEXÃO ESPIRITUAL

Ao incorporarem no terreiro, os mestres orientais elevam a energia do ambiente, criando um campo vibracional propício para a cura e o reequilíbrio. Suas práticas são enraizadas em filosofias como o **zen-budismo** e o **hinduísmo** e utilizam recursos como **mantras**, **incensos** e **símbolos sagrados** para amplificar a força espiritual. Esses mestres guiam sessões de meditação e passes energéticos que tocam o emocional e o espiritual, desbloqueando energias estagnadas e promovendo a reconexão com a essência divina.

Durante as giras, a presença dessas entidades traz uma sensação de paz imediata, como se o ambiente fosse impregnado por uma vibração de **harmonia e serenidade**. Muitos consulentes relatam um alívio imediato de tensões internas, fruto da presença dessas energias sutis e transformadoras. A prática da **meditação guiada**, muitas vezes conduzida por esses mestres, promove um estado de relaxamento profundo e introspectivo, com o qual o consulente pode mergulhar em sua própria essência e explorar suas sombras com segurança.

## ACONSELHAMENTO E FILOSOFIA DE VIDA

Esses mestres são também **grandes conselheiros espirituais**. Seus ensinamentos, muitas vezes centrados no **desapego** e na simplicidade, ajudam os consulentes a buscarem uma vida em harmonia com o fluxo natural da existência. Com uma abordagem filosófica e prática, eles encorajam a aceitação das mudanças e a busca pela serenidade, ensinando que o verdadeiro equilíbrio se encontra na paz interior, e não na posse de bens materiais.

A sabedoria desses mestres muitas vezes envolve conceitos como a **impermanência**, a importância de viver o momento presente e a compreensão de que o sofrimento é uma parte natural da experiência humana e pode ser transformado em aprendizado. Essa abordagem, inspirada nas tradições orientais de **autocontrole emocional** e **serenidade diante das dificuldades**, oferece uma perspectiva valiosa para aqueles que buscam evoluir espiritualmente, aprendendo a lidar com suas emoções e a viver de forma mais equilibrada.

## DESAFIOS DE INTEGRAÇÃO NO TERREIRO

Entretanto, nem todos os terreiros incorporam essas práticas de maneira fluida. Muitos consulentes, acostumados com linhas mais imediatistas, podem ter dificuldades de compreender a abordagem **mais lenta e introspectiva** dos mestres orientais, que muitas vezes focam a evolução espiritual de longo prazo. Esses mestres ensinam que a cura e a transformação não ocorrem de forma instantânea; são processos que exigem tempo, paciência e autoconhecimento.

Apesar dessa dificuldade, a presença dos mestres orientais reforça o caráter **dinâmico e inclusivo** da umbanda, que abraça diferentes tradições e saberes, sempre em busca da elevação espiritual dos seus seguidores. Esses mestres operam em sintonia com os desafios contemporâneos, trazendo uma visão holística e profunda, adaptada ao contexto atual. Eles transcendem barreiras culturais e religiosas, ajudando os terreiros a expandirem seu campo espiritual e a se conectarem com uma espiritualidade global.

## SÍMBOLOS E ITENS UTILIZADOS NOS RITUAIS

Os mestres da linha do Oriente costumam utilizar elementos que remetem diretamente às tradições espirituais de onde vieram, tais como:

- **INCENSOS:** tanto para purificar o ambiente quanto para elevar a vibração energética. Incensos de sândalo, mirra e outras resinas aromáticas estão entre os preferidos, sendo utilizados para limpar energias densas e promover um ambiente propício à meditação e à cura.

- **MANTRAS E SÍMBOLOS SAGRADOS:** cânticos ou palavras sagradas repetidas para criar um campo energético elevado. Símbolos como o **OM**, o **yin-yang**, a **cruz ansata (ankh)** e o **olho de Hórus** são frequentemente associados a essas entidades e aparecem como representações de proteção, equilíbrio e conexão com o sagrado.

- **CRISTAIS E ELEMENTOS NATURAIS:** alguns mestres orientais trabalham com **cristais**, que são considerados fontes de energia pura. Os cristais são usados para absorver, direcionar ou amplificar as energias durante o trabalho espiritual. Eles podem ser colocados sobre o corpo do consulente ou usados como pontos de força ao redor do altar. Além dos cristais, o uso de **água** e **ervas** para banhos de purificação também é comum.

## PARTICULARIDADES DOS TRABALHOS MEDIÚNICOS

As manifestações dos mestres da linha do Oriente são marcadas por uma energia serena e focada. Diferentemente de outras linhas espirituais da umbanda, esses mestres costumam agir com **silêncio e tranquilidade** durante os trabalhos. Suas incorporações não são agitadas, e o tom de suas falas é sempre calmo, conduzindo os consulentes a uma reflexão mais profunda sobre suas questões pessoais e espirituais.

Um aspecto marcante é o uso de **visualizações guiadas** durante as consultas. Muitos mestres orientais pedem aos consulentes que imaginem cenas, cores ou símbolos enquanto recebem passes ou orientações, o que cria uma experiência de cura mais introspectiva e imersiva. Essas técnicas de visualização são inspiradas nas práticas de meditação e controle mental presentes em várias tradições orientais.

Além disso, é comum que os mestres dessa linha utilizem **posturas meditativas** enquanto incorporados. O médium pode adotar posturas de meditação, com as mãos em mudras (gestos de poder), o que simboliza a busca pelo equilíbrio energético. Essa quietude permite que o consulente se conecte com a dimensão espiritual de forma mais direta, em uma experiência de profunda introspecção e paz.

## O PAPEL TRANSFORMADOR DA LINHA DO ORIENTE NA UMBANDA

A **linha do Oriente** é uma das expressões mais singulares da capacidade de adaptação e acolhimento da umbanda. Representando tradições místicas e espirituais de diversas culturas, esses mestres não só conectam os consulentes a práticas antigas e curativas, mas também servem como pontes para uma espiritualidade global, sem fronteiras. Eles integram conhecimentos ancestrais com as necessidades espirituais contemporâneas, oferecendo novas formas de cura e autoconhecimento.

O que torna essa linha tão valiosa para a umbanda é sua capacidade de oferecer uma perspectiva diferente sobre a espiritualidade. Enquanto outras linhas podem trabalhar de forma mais direta e prática, os mestres do Oriente ensinam a paciência, o **desapego** e o **equilíbrio emocional** como pilares de uma vida espiritual mais plena. Suas lições envolvem a aceitação das mudanças, o controle das emoções e a importância de viver em harmonia com os ciclos da natureza e do Universo.

Essa linha nos convida a refletir sobre nossa própria jornada espiritual: estamos realmente buscando o autoconhecimento? Estamos em paz conosco e com o mundo ao nosso redor? A presença dessas entidades no terreiro lembra que o caminho da evolução espiritual é contínuo, e que a verdadeira cura vem de dentro.

Também reforça a ideia de que a espiritualidade é um fenômeno universal, não restrito a uma única cultura ou crença. Na umbanda, esses mestres representam a fusão entre o Oriente e o Ocidente, entre o passado e o presente, criando um espaço de comunhão espiritual em que o aprendizado nunca termina. Sua função vai além da cura temporária: eles ajudam a construir uma fundação sólida de **sabedoria e serenidade** para que os consulentes possam lidar com os desafios da vida moderna de forma mais equilibrada e consciente.

Ao participarem de uma gira com os mestres orientais, os consulentes não só encontram conforto e cura, mas também são convidados a uma jornada de autoconhecimento e transformação. Esses mestres nos ensinam que a verdadeira paz está no coração, e que o segredo para uma vida equilibrada e plena reside na conexão profunda com o espírito.

CAPÍTULO 25

# LINHA DOS POVOS CIGANOS

**A LINHA DOS POVOS CIGANOS** na umbanda reflete uma vida marcada pelo nomadismo e pela fluidez entre mundos materiais e espirituais. Esses espíritos, vindos de tradições ancestrais romani, dispõem da sabedoria dos que viveram em harmonia com a natureza, transitando por diferentes terras e culturas. Os Ciganos, originários de troncos étnicos como os kalderash, sinti, rom e lovari, trazem uma perspectiva única à umbanda. São mestres da renovação e da prosperidade, manifestando uma energia que nos inspira a seguir em frente, desapegar e evoluir.

Historicamente, o povo Cigano sempre foi caracterizado por sua capacidade de adaptação, movendo-se entre diferentes lugares e culturas, e essa essência se reflete em suas manifestações espirituais. Em muitos terreiros, eles chegam como mensageiros da transformação, ensinando como lidar com as mudanças e como abraçar a vida com leveza. Cada dança, cada ritual, cada leitura de cartas ou moedas carrega uma mensagem de liberdade, em que o desapego e o movimento se tornam instrumentos de cura e autodescoberta.

Muitas vezes confundidos com Exus ou Pombagiras, os Ciganos têm uma linhagem própria na umbanda. Eles são guardiões de uma sabedoria ancestral que não pode ser limitada a essas outras linhas. Ao conhecermos mais sobre suas raízes, podemos nos conectar profundamente com a espiritualidade e as lições de prosperidade e resiliência que eles trazem, criando um espaço no qual a liberdade se torna um caminho para a plenitude espiritual.

A jornada dos Ciganos nos terreiros é de reconciliação com a própria alma, de aceitação do ciclo de mudanças e do poder da adaptação. Que neste capítulo possamos reconhecer não só sua presença nos rituais de umbanda, mas também o vasto legado que trazem dos seus povos, um legado que nos lembra da importância de caminhar sem medo e de abraçar o desconhecido com coragem.

## HISTÓRICO E RAÍZES ESPIRITUAIS

A história dos Ciganos é marcada por séculos de resistência, diásporas e uma espiritualidade que transcende fronteiras. Com origem no norte da Índia, por volta do século 9, o povo romani iniciou sua jornada em direção à Europa e ao Oriente Médio carregando saberes ancestrais e uma tradição nômade. Essa migração foi forçada, em grande parte, por perseguições políticas e conflitos que os levaram a buscar novos territórios para manter sua sobrevivência. Entretanto, aonde quer que fossem, encontravam rejeição, preconceito e violência dos regimes locais.

Na Europa, o preconceito contra os Ciganos logo se materializou em legislações que os excluíam das sociedades. Países como Espanha, Alemanha, França e Inglaterra aplicavam políticas de expulsão ou forçavam os Ciganos a adotarem um estilo de vida clandestino. No século 20, durante a Segunda Guerra Mundial, os Ciganos foram vítimas do *Porrajmos*, o genocídio cigano promovido pelo regime nazista, que exterminou milhares de pessoas em campos de concentração. Até hoje, em diversas partes do mundo, os Ciganos continuam sendo marginalizados, carregando o peso de uma história de opressão.

A umbanda, no entanto, oferece um refúgio espiritual para os Ciganos. Nesse contexto, eles encontram um espaço onde podem continuar sua missão espiritual de interação com seus descendentes, mesmo em diásporas familiares, e compartilhar sua mensagem de liberdade, alegria e resiliência. A religiosidade umbandista, caracterizada pela inclusão de diferentes tradições e culturas, faz da linha dos Ciganos um símbolo poderoso de resistência espiritual e cultural. Como observa Luiz Antonio Simas, "a Umbanda abraça o marginalizado, dando voz e força espiritual àqueles que foram historicamente oprimidos" (2010, p. 155).

Nos terreiros de umbanda, a presença dos Ciganos transcende o simples exotismo. Eles são espíritos que têm a essência da liberdade e do movimento, atuando como guias de desapego e renovação. O nomadismo que caracteriza sua história física também é refletido na atuação espiritual, em que o trânsito entre diferentes planos se torna uma metáfora para a evolução contínua da alma. Em seus trabalhos, os Ciganos utilizam elementos como baralho, moedas e danças, tanto como instrumentos de sorte quanto como símbolos de uma espiritualidade fluida e leve, capaz de proporcionar clareza e direção para aqueles que buscam seu auxílio.

Os Ciganos são, por excelência, guias que nos ensinam a lidar com as transições da vida. Sua conexão com o fogo – elemento que representa a transformação – e com o vento, que simboliza o constante movimento, reflete a necessidade de não se prender a circunstâncias passageiras. A dança, uma de suas marcas registradas, é muito mais do que um ato festivo; é uma celebração da vida em movimento, uma metáfora do ciclo incessante de transformação pelo qual todos nós passamos. Ao girar, dançar e mover-se, o Cigano evoca a impermanência e nos ensina a encontrar beleza e aprendizado em cada novo passo.

Entretanto, não podemos falar dos Ciganos sem mencionar sua resiliência diante das constantes perseguições que enfrentaram. A marginalização imposta por séculos não os impediu de manter uma cultura vibrante e uma espiritualidade enraizada no desapego. Esse espírito de resistência é canalizado nos terreiros de umbanda, onde os Ciganos continuam a disseminar sua mensagem de liberdade e alegria. Eles se conectam com aqueles que, como eles, enfrentam os desafios da vida, muitas vezes marginalizados por normas sociais ou dogmas espirituais. A umbanda, sendo uma religião que acolhe o marginalizado, torna-se o espaço perfeito para essa continuidade espiritual.

O nomadismo cigano é não apenas físico, mas também espiritual. Ao longo de sua história, os Ciganos transitaram por diferentes culturas e absorveram influências diversas. Esse intercâmbio cultural é visível na capacidade de adaptação e na riqueza de sua espiritualidade. Na umbanda, eles continuam a exercer esse papel, criando pontes entre o mundo material e o espiritual. A inserção do povo Cigano na religião não é uma questão de exotismo ou romantização, mas de reconhecimento do poder espiritual de um povo que, apesar das adversidades, transformou sua dor em sabedoria e sua marginalização em uma mensagem de resiliência.

Em muitos terreiros, os Ciganos são vistos como guardiões da prosperidade e da proteção, mas sua atuação vai além disso. Eles nos ensinam a desapegar do material e a abraçar a transformação como parte natural da vida. Essa conexão entre a trajetória histórica de resistência e a atuação espiritual na umbanda cria uma ponte poderosa entre os desafios da vida cotidiana e o potencial de crescimento espiritual. Entendo que o povo Cigano na umbanda representa a integração de saberes ancestrais com a prática espiritual moderna, ressignificando sua função e ampliando sua atuação no campo da espiritualidade.

Nesse contexto, a presença dos Ciganos na umbanda serve como uma poderosa lembrança de que, mesmo diante das maiores adversidades, é possível encontrar luz, alegria e evolução. Eles são espíritos que inspiram leveza, ensinando que a liberdade é uma escolha interior e que, assim como eles, devemos ser capazes de transitar entre os desafios da vida com sabedoria e serenidade.

## AS FUNÇÕES ESPIRITUAIS DO POVO CIGANO

O povo Cigano desempenha um papel espiritual único na umbanda, carregando em si uma mensagem de transformação, movimento e renovação contínua. Com raízes em tradições ancestrais, suas manifestações no plano espiritual transcendem o campo material, focando aspectos profundos da evolução pessoal e da sabedoria intuitiva. Diferentemente de outras linhas, como os Caboclos ou Pretos-Velhos, que frequentemente trabalham com cura ou aconselhamento mais diretamente ligados às raízes afro-brasileiras, os Ciganos trazem a vivência da liberdade e da busca por novos horizontes.

## O SIMBOLISMO DO NOMADISMO E DA LIBERDADE

Uma das funções mais importantes da linha dos Ciganos é ensinar a arte do desapego e da aceitação do movimento natural da vida. Em vez de trabalhar com energias de fixação ou proteção permanente, os Ciganos nos lembram de que tudo na vida está em constante transformação. Esse movimento se reflete nas danças e nos rituais de dança cigana praticados nos terreiros, nos quais cada passo representa uma jornada, uma escolha consciente de deixar o velho para trás e se abrir para o novo. O movimento é um elemento central da prática espiritual cigana, que enfatiza a fluidez entre as experiências da vida e os desafios do crescimento pessoal.

Esses guias ajudam os consulentes a enfrentarem bloqueios espirituais relacionados à estagnação emocional ou mental. Eles não oferecem somente soluções para problemas imediatos; também auxiliam no entendimento de que a vida é uma sequência de ciclos – em que o novo sempre substitui o velho, e cada mudança traz uma oportunidade de crescimento. Esse ensinamento pode ser observado na atuação dos Ciganos ao utilizarem elementos como o fogo, símbolo de transformação e purificação, para dissipar energias estagnadas e abrir novos caminhos.

## PROSPERIDADE E ABUNDÂNCIA

Além do trabalho com o movimento, os Ciganos são amplamente conhecidos por sua atuação no campo da prosperidade. Contudo, é importante entender que, para o povo Cigano, a prosperidade é vista de maneira muito mais ampla do que o simples acúmulo de bens materiais. Eles nos ensinam que a verdadeira prosperidade vem de uma vida equilibrada, na qual há harmonia entre o material e o espiritual. Em suas giras, Ciganos frequentemente utilizam moedas, pedras e objetos brilhantes como símbolos da energia de troca – monetária, mas também energética. Esses elementos representam a capacidade de atrair aquilo de que necessitamos, mas também a sabedoria de discernir quando e como compartilhar essa abundância.

Os Ciganos são, por essência, mestres em **negociar com o Universo**, ensinando que a prosperidade é uma questão de fluxo e troca. Seu trabalho espiritual, portanto, não visa enriquecer os consulentes de forma materialista, mas, sim, abrir caminhos para que eles possam reconhecer e atrair o que é necessário para seu crescimento e sua realização.

## DESAPEGO E O CICLO DO TEMPO

Outro ponto fundamental na atuação espiritual dos Ciganos é o ensinamento sobre o desapego. Ao longo de suas vidas, tanto no plano físico quanto no espiritual, eles enfrentaram inúmeras situações em que precisaram abandonar lugares, pertences e, muitas vezes, relações para continuar suas jornadas. Esse conceito de desapego vai além do material: envolve a capacidade de soltar traumas, mágoas e medos que podem aprisionar o espírito e limitar seu potencial de evolução.

Na umbanda, os Ciganos ensinam que o tempo é um aliado, não um inimigo. Seus ensinamentos estão profundamente conectados ao entendimento dos ciclos de vida – nascimento, morte e renascimento – e a como cada fase carrega uma lição importante. A vida é comparada a uma dança em constante mudança, e eles nos convidam a seguir o ritmo do Universo, aceitando os altos e baixos com graça e leveza.

## AUTOESTIMA E AUTOVALORIZAÇÃO

Os Ciganos ensinam que a liberdade externa começa com a liberdade interna – a capacidade de se valorizar e reconhecer seu próprio valor, independentemente das opiniões ou pressões externas. A confiança e a alegria que os Ciganos expressam por meio de suas manifestações servem como uma inspiração poderosa para os consulentes que buscam resgatar sua própria força interior.

## CIGANOS E CIGANAS NÃO SÃO EXUS E POMBAGIRAS

Na umbanda, a linha dos Ciganos se destaca por sua leveza, alegria e energia do movimento, o que, às vezes, pode causar confusão com entidades de outras linhas, como Exus e Pombagiras. Esses equívocos são compreensíveis, já que o universo espiritual da umbanda é vasto e diversificado, mas é crucial esclarecer as diferenças para que cada entidade seja devidamente compreendida e honrada em seu papel.

Exus, por exemplo, são entidades poderosas, reconhecidas por trabalharem na abertura de caminhos e na justiça espiritual. Atuam em "encruzilhadas da vida", lugares de decisão e mudança, rompendo barreiras energéticas que muitas vezes são associadas a obstáculos materiais, emocionais ou espirituais. Eles estão ligados ao equilíbrio das forças e à resolução de questões cármicas, sendo responsáveis por eliminar bloqueios e promover a justiça, seja terrena, seja espiritual. Sua força está na capacidade de transformar energias densas e desafiar as barreiras impostas pela vida, abrindo novas oportunidades para os consulentes.

Ao contrário dos Exus, cuja atuação é mais intensa e focada na reversão de situações difíceis, os Ciganos trazem uma energia de fluidez e movimento. Enquanto Exus muitas vezes lidam com problemas mais densos e urgentes, os Ciganos preferem trabalhar no campo do desapego e da transformação leve. Eles ensinam que a vida é um ciclo de transições e guiam os consulentes a fluírem com essas mudanças, em vez de confrontá-las diretamente. Sua atuação é comparável ao vento, que passa suavemente, removendo as energias estagnadas e trazendo renovação.

As Pombagiras, por sua vez, são entidades profundamente conectadas à energia feminina e à transformação emocional, especialmente nos domínios do amor, da sensualidade e da autoestima. Elas lidam com as questões de coração e desejo, ajudando os consulentes a superarem traumas emocionais, a encontrarem seu poder pessoal e a se libertarem de relacionamentos ou situações que bloqueiam sua felicidade. Sua energia é sedutora, misteriosa e está muito ligada ao autoconhecimento e ao empoderamento. Embora tanto ciganas quanto Pombagiras trabalhem com a prosperidade e o autoconhecimento, as Pombagiras têm um foco muito mais profundo nas questões de amor e poder pessoal, enquanto as Ciganas trazem lições de desapego e liberdade, ensinando a fluir com o ciclo da vida.

Um dos motivos pelos quais Ciganos, Exus e Pombagiras podem ser confundidos está relacionado à maneira como se apresentam nos terreiros. Tanto Exus quanto Pombagiras, assim como os Ciganos, têm uma manifestação visual forte, com cores vibrantes e adereços chamativos, o que pode gerar uma impressão inicial de similaridade. No entanto, essa semelhança estética não reflete suas funções espirituais, que são profundamente distintas.

Assim, ao esclarecermos esses equívocos, garantimos que cada entidade seja respeitada em sua essência e função. Compreender as nuances entre Exus, Pombagiras e Ciganos evita confusões nos terreiros, além de enriquecer a prática espiritual, permitindo que os médiuns e consulentes se conectem profundamente com as energias apropriadas para cada situação. O respeito à singularidade de cada linha e à especialidade de cada entidade é o que torna a umbanda tão rica e capaz de acolher diferentes tradições espirituais, sem perder sua essência inclusiva e transformadora.

## ALERTA IMPORTANTE

Ao concluir este capítulo, é fundamental reforçar a importância de uma abordagem cuidadosa e respeitosa ao incorporar a linha dos Ciganos na umbanda. Muitas vezes, vemos uma estética folclórica que se distancia da verdadeira essência dos Ciganos, reduzindo uma rica cultura a símbolos superficiais e, em alguns casos, perpetuando estereótipos que as próprias comunidades ciganas vêm lutando para desmantelar. O uso indiscriminado de vestimentas chamativas e adereços exagerados, sem compreensão da profundidade cultural desses povos, gera o risco de transformar a prática espiritual em uma caricatura que não apenas desrespeita, mas também perpetua preconceitos.

Os Ciganos, historicamente marginalizados e perseguidos, continuam a lutar por reconhecimento, direitos e espaço na sociedade contemporânea. Apropriar-se de sua imagem sem o devido estudo sobre a cultura, as tradições e as lutas pode inadvertidamente contribuir para o apagamento das suas vozes e identidades. É importante lembrar que as comunidades ciganas, como os **calon** e **rom**, não estão no passado, mas vivas e ativas, enfrentando desafios diários de acesso a direitos básicos e a espaços de representatividade.

Nos últimos anos, debates têm surgido em várias esferas, especialmente em relação à ocupação de espaços públicos de discussão política e cultural por grupos religiosos que se apropriam do nome cigano. Esses grupos, muitas vezes, utilizam elementos da cultura cigana de forma superficial, sem se aprofundar nas reais necessidades e desafios enfrentados pelas comunidades ciganas. O risco aqui é o de obscurecer as demandas genuínas dessas populações, substituindo suas vozes por narrativas exóticas que distorcem sua realidade.

**Por isso, faço um apelo aos médiuns**: estudem profundamente a cultura cigana. Conheçam suas lutas, suas histórias e suas conquistas. Entendam o que significa, para um Cigano, ser representado de maneira digna e honesta. Incorporar uma entidade cigana não é simplesmente vestir-se de maneira vibrante ou dançar com alegria, mas sim carregar a sabedoria ancestral de um povo que resistiu e sobreviveu a séculos de opressão, mantendo sua essência intacta. Essa responsabilidade é grande, e é crucial lembrar que, quando trazemos uma entidade para o plano físico, estamos manifestando sua energia espiritual, bem como evocando sua história e a de seu povo.

Finalizamos este capítulo com um convite à reflexão. A umbanda, sendo uma religião que acolhe a diversidade, tem o poder de ser um espaço em que culturas marginalizadas encontram respeito, voz e dignidade. Que cada médium, ao incorporar um cigano, faça isso com o coração aberto, com conhecimento e, acima de tudo, com respeito. Que a beleza do espiritual nunca se sobreponha à verdade cultural, e que a umbanda continue sendo um espaço de luz onde todos os povos, vivos e desencarnados, possam ser representados com autenticidade.

Que ao dançarmos em seus giros, possamos ouvir não apenas os sons dos pandeiros e das castanholas, mas também o eco das histórias e lutas daqueles que, apesar de todas as adversidades, continuam a trilhar o caminho da liberdade.

SALVE O POVO CIGANO!

OPCTHA!!!

# CAPÍTULO 26

# LINHA DOS SEMIROMBAS

**A LINHA DOS SEMIROMBAS** na umbanda traz uma espiritualidade que remonta à figura de São Francisco de Assis e à tradição franciscana, cujas bases são a humildade, a simplicidade e o serviço altruísta. Em uma religião marcada pelo sincretismo, os Semirombas ocupam um lugar especial por sua capacidade de integrar uma espiritualidade cristã focada na cura, no amor à natureza e no equilíbrio espiritual com os princípios umbandistas. Essa linha atua em campos de cura, desobsessão e promoção da paz, sendo uma das mais sutis, mas também poderosa, no panteão da umbanda.

**Semiromba** evoca a essência da simplicidade e da transformação interior. Inspirados na vida e na obra de São Francisco de Assis, os Semirombas manifestam-se como guias e curadores que, com suas práticas espirituais humildes e profundamente conectadas à natureza, oferecem alívio espiritual para quem busca ajuda nos terreiros. Suas missões são silenciosas, muitas vezes introspectivas, trazendo uma paz que é sentida de maneira sutil, mas que reverbera profundamente na alma dos consulentes.

Essa linha, ainda que menos conhecida em comparação com outras entidades da umbanda, como os Caboclos ou Pretos-Velhos, desempenha um papel vital no trabalho espiritual de limpeza e desobsessão. De acordo com o estudioso Pai David Veronezi, a atuação dos Semirombas é um exemplo clássico do poder da humildade e da oração, que não apenas cura, mas também transforma as energias ao redor, criando uma aura de tranquilidade e equilíbrio. Neste capítulo, exploraremos a origem, o desenvolvimento e o papel vital que essa linha continua a desempenhar na umbanda contemporânea.

## ORIGEM E SIGNIFICADO DA LINHA DOS SEMIROMBAS

A origem da linha dos Semirombas na umbanda está intrinsecamente ligada ao sincretismo afrocatólico, especialmente no que diz respeito à figura de São Francisco de Assis. No sincretismo religioso brasileiro, São Francisco foi adotado como um símbolo de humildade, devoção e conexão com a natureza, qualidades que ressoam fortemente nos princípios da umbanda. Essa associação gerou o surgimento dos Semirombas, entidades espirituais de frades, freiras, monges e outros religiosos que, em suas vidas passadas, seguiram os ensinamentos franciscanos, monásticos e cristãos.

São Francisco de Assis, com sua vida dedicada ao serviço aos pobres e ao amor pelos animais e pela natureza, encaixa-se perfeitamente no caráter espiritual da umbanda, que valoriza a simplicidade e o serviço ao próximo. Como observa David Veronezi, "os Semirombas não são apenas guias de cura, mas também exemplos vivos de como a humildade e o amor incondicional podem transformar a vida de um consulente". Ele ressalta que o trabalho dessa linha é voltado para desobsessões, curas espirituais e restauração do equilíbrio energético, especialmente em casos em que o sofrimento espiritual é profundo.

A linha também se destaca por sua atuação sutil, muitas vezes menos percebida que outras manifestações espirituais mais intensas da umbanda. O poder dos Semirombas está no silêncio, na oração e no ato de servir, sempre em sintonia com a vibração de Oxalá, orixá da paz e da luz. Durante os trabalhos espirituais, essas entidades utilizam elementos simples como velas, água fluidificada e incenso, promovendo uma atmosfera de serenidade. Em muitos terreiros, os médiuns que incorporam Semirombas adotam vestes franciscanas ou hábitos monásticos, refletindo a origem católica dessas entidades e sua espiritualidade.

Esses guias atuam diretamente no campo emocional e espiritual dos consulentes, trazendo paz e alívio a quem sofre de angústias internas e energias pesadas. Veronezi destaca que, historicamente, os Semirombas atuaram de maneira decisiva durante o período das "macumbas cariocas", quando feitiçarias negativas eram comuns, ajudando a desmanchar essas magias com suas orações poderosas e suas práticas de desobsessão espiritual.

A trajetória de Semiromba na umbanda é um exemplo perfeito de como o sincretismo religioso no Brasil consegue harmonizar e ressignificar tradições aparentemente distantes. A presença desses frades espirituais reforça a ideia de que a umbanda, em sua essência, é um espaço onde diferentes culturas e espiritualidades podem coexistir, todas unidas pelo propósito de cura e elevação espiritual. Semiromba, com sua conexão profunda com São Francisco de Assis, é um guia que nos lembra de que a verdadeira força espiritual reside na humildade, no serviço ao próximo e no amor incondicional.

## AS PRÁTICAS ESPIRITUAIS DA LINHA DOS SEMIROMBAS

As práticas espirituais da linha dos Semirombas na umbanda são caracterizadas por sua simplicidade e profunda conexão com a natureza e os valores franciscanos, como a humildade, o serviço ao próximo e a devoção. Essas entidades, inspiradas pela vida de São Francisco de Assis e outros santos franciscanos, atuam de maneira sutil, promovendo a cura espiritual, a paz interior e o alívio de sofrimentos físicos e emocionais. O foco do trabalho de Semiromba é a harmonia energética e a desobsessão, sempre por meio de métodos de cura despojados de grande aparato cerimonial, mas carregados de força vibracional.

## O PODER DAS ORAÇÕES E DOS BENZIMENTOS

As preces são uma das principais ferramentas utilizadas pelos Semirombas. As orações realizadas por essas entidades são simples – muitas vezes baseadas em tradições cristãs, como a reza do terço ou o rosário –, e direcionadas para a cura de males físicos, emocionais e espirituais. Os médiuns que incorporam Semirombas frequentemente realizam esses trabalhos em sessões voltadas ao recolhimento e à introspecção, nas quais o silêncio e a concentração criam um campo propício para o alívio do sofrimento.

Veronezi destaca que o uso da oração é um dos mais poderosos instrumentos dessa linha, pois ela conecta o consulente a uma vibração elevada de paz e luz, criando uma ponte entre o mundo espiritual e o plano físico.

Durante as sessões, as preces podem ser acompanhadas por passes espirituais, em que os médiuns canalizam a energia de Semiromba para transmitir cura e restabelecer o equilíbrio espiritual do consulente.

## ELEMENTOS DE CURA: ÁGUA FLUIDIFICADA, INCENSO E VELAS

Outro aspecto importante do trabalho de Semiromba é o uso de elementos simples, como a **água fluidificada**, impregnada de energias de cura e renovação espiritual. Essa água, muitas vezes benzida durante as preces, é utilizada pelos consulentes para beber ou para lavar partes do corpo, promovendo alívio e reequilíbrio energético. A água fluidificada, abençoada pela presença dos Semirombas, tem o poder de limpar as impurezas não somente físicas, mas também energéticas, auxiliando no tratamento de doenças e na dissipação de energias negativas.

O **incenso** e as **velas** também desempenham papel crucial nos trabalhos. O incenso é utilizado para purificar o ambiente, elevando a vibração do espaço espiritual e criando uma atmosfera de paz. As velas, por sua vez, simbolizam a luz divina e a presença de Oxalá, orixá com o qual a linha dos Semirombas está sincretizada. As chamas das velas representam a luz que dissipa a escuridão, tanto literal quanto metaforicamente, ajudando a guiar os espíritos perdidos e a proporcionar clareza para os consulentes.

## CURA E DESOBSESSÃO ESPIRITUAL

Os Semirombas são especialmente conhecidos por seu trabalho no campo da desobsessão. Durante essas práticas, as entidades atuam para remover obsessores, espíritos desencarnados que, por diversas razões, se prendem à aura dos consulentes, drenando sua energia e causando desequilíbrio espiritual e emocional. As sessões de desobsessão realizadas por Semirombas são marcadas por uma serenidade especial; por meio de preces e passes energéticos, esses obsessores são encaminhados para planos espirituais de cura, longe dos consulentes.

A prática da desobsessão envolve a criação de um campo de energia no qual a luz espiritual dissipa as trevas que envolvem os obsessores, permitindo que esses espíritos sejam acolhidos por guias espirituais superiores. O processo é visto como uma forma de caridade não apenas para o consulente, mas também para os espíritos em sofrimento, que encontram alívio e paz ao serem guiados para longe das influências negativas.

## A SIMPLICIDADE E O SERVIÇO COMO VIRTUDES CENTRAIS

O aspecto mais marcante das práticas da linha dos Semirombas é sua simplicidade. Não há rituais elaborados ou complexos; tudo se baseia na pureza da intenção, na força da oração e na conexão com o plano divino. O trabalho dessas entidades, que muitas vezes remete à vida austera e despojada dos frades franciscanos, tem uma energia transformadora que age sem alarde, mas com profundidade.

As sessões conduzidas pelos Semirombas são exemplos de como a humildade e o serviço podem ser expressões de grande poder espiritual. Ao auxiliarem aqueles que estão em sofrimento e promoverem a cura e a elevação espiritual, esses guias nos ensinam que a verdadeira força está em servir ao próximo, curar com amor e acolher com compaixão.

## RESGATE DA LINHA DOS SEMIROMBAS E O FUTURO

Quando a umbanda começou a se formar como religião, essa linha tinha uma presença marcante, refletindo a forte influência do catolicismo europeu, que permeava as práticas sincréticas afro-brasileiras. Semiromba, vinculado ao eixo da globalização, representa a interseção entre as tradições católicas europeias e a espiritualidade brasileira, adaptando-se e transformando-se dentro de uma religião que acolhe diversas heranças culturais.

No início do século 20, as entidades de Semiromba eram amplamente invocadas, especialmente por sua atuação em trabalhos de cura espiritual e desobsessão. Esses guias, inspirados pela vida franciscana, ofereciam alívio a quem sofria, sempre através de métodos despojados e humildes. No entanto, com o passar do tempo, essa linha foi se tornando menos presente, à medida que a umbanda se desenvolvia e outras práticas se consolidavam. Hoje o manejo com Semiromba é considerado raro, com poucos terreiros preservando e cultivando essa linhagem.

Essa raridade, porém, torna o resgate da linha dos Semirombas ainda mais essencial. Em tempos de globalização espiritual, quando as pessoas buscam, cada vez mais, práticas com os valores de simplicidade, cura e altruísmo, Semiromba oferece um caminho de reencontro com o que é essencial. A globalização é um fenômeno econômico, bem como espiritual, e a figura de São Francisco de Assis, um santo católico, é um exemplo claro de como essa linha atua no encontro entre culturas. A presença de São Francisco na umbanda, por meio de Semiromba, simboliza a união de mundos – o cristianismo europeu e as tradições afro-brasileiras, que encontram uma convergência perfeita no trabalho humilde e silencioso dessas entidades.

Os Semirombas continuam a atuar com poder silencioso, trazendo paz e equilíbrio para aqueles que se encontram em sofrimento, tanto no plano físico quanto no espiritual. A água fluidificada, as preces simples e os benzimentos são ferramentas eficazes que, quando utilizadas, oferecem uma cura profunda que transcende as aparências. Elas penetram na alma dos consulentes, aliviando suas dores e proporcionando renovação espiritual.

O futuro da linha dos Semirombas depende da disposição dos médiuns e das lideranças de revitalizar e respeitar essa prática. O risco de se perder esse conhecimento seria deixar de lado uma das fontes mais puras de cura na umbanda. Resgatar Semiromba é um convite para redescobrir a beleza da espiritualidade despojada, em que o poder não está nos rituais grandiosos, mas na intenção sincera e na conexão com o divino.

A linha dos Semirombas representa a humildade em sua forma mais elevada. Em um mundo onde as distrações e a complexidade espiritual muitas vezes afastam as pessoas do que é verdadeiramente importante, Semiromba nos lembra de que a cura e o equilíbrio vêm do simples, do despretensioso e do altruísmo profundo. São Francisco de Assis, a quem essa linha está ligada, personifica a pureza espiritual que a umbanda carrega em seu âmago – uma religião que, em sua essência, abraça o marginalizado, o desprovido e o necessitado.

Ao reintroduzirmos a linha dos Semirombas, não estamos só preservando uma tradição; estamos oferecendo às novas gerações de umbandistas uma oportunidade de reconectar-se com uma espiritualidade que transcende o tempo e as culturas. A globalização trouxe a interconexão entre diferentes práticas espirituais, e, por meio de Semiromba, a umbanda continua a nos ensinar que as barreiras culturais podem ser desfeitas quando há fé, humildade e desejo de servir. Que possamos seguir adiante, mantendo viva essa linha de trabalho, e que cada sessão realizada em nome de Semiromba traga a paz, a cura e a luz que São Francisco nos ensinou. E, assim como São Francisco, que possamos ouvir o chamado para cuidar do outro, acolher com bondade e servir ao próximo, sabendo que, no final, é na simplicidade e no amor que encontramos a verdadeira transformação espiritual.

## UMBANDA É O CORAÇÃO ESPIRITUAL DO BRASIL

A umbanda é, por natureza, uma religião nascida da confluência de mundos. Ao olharmos para sua formação, encontramos um Brasil que se coloca como o verdadeiro coração espiritual do mundo – uma terra onde culturas, tradições e crenças de diferentes continentes se fundem em uma prática acolhedora e expansiva. A globalização espiritual não é um fenômeno recente ou circunstancial na umbanda, mas algo intrínseco à sua essência desde o início, um reflexo direto da própria diversidade que forma o tecido social brasileiro.

O Brasil, com sua pluralidade de etnias, espiritualidades e histórias, tornou-se o ponto de convergência para espiritualidades e saberes que transcendem fronteiras. Aqui a umbanda emergiu como uma resposta espiritual profundamente conectada à nossa realidade cultural. No centro desse movimento está a capacidade única da umbanda de **absorver, trans-**

**formar e ressignificar** tradições de todo o mundo – sejam elas africanas, indígenas, europeias ou orientais. Assim, mais do que apenas uma "globalização passiva", a umbanda se apresenta como um agente ativo, capaz de metabolizar influências globais e devolvê-las de forma singularmente brasileira.

Cada linha espiritual que compõe a umbanda reflete essa característica acolhedora e adaptativa. **Os Caboclos** trazem a força ancestral indígena, que ecoa as raízes nativas da terra. **Os Pretos-Velhos**, espíritos sábios e humildes, carregam o legado africano, ressignificando a dor da escravidão em sabedoria e amor. **Os Ciganos**, com suas tradições de liberdade e movimento, representam o nomadismo e a busca por uma vida sem amarras. **Os Semirombas**, com sua conexão franciscana, nos lembram do sincretismo cristão, que dialoga com a simplicidade e a humildade. E tantas outras entidades – cada uma delas tem fragmentos de histórias que se conectam ao Brasil como um microcosmo espiritual.

Mas o que torna esse processo tão especial? O **Brasil**, muitas vezes chamado de "coração do mundo" na espiritualidade, é um ponto de convergência global. Historicamente, a terra brasileira é receptora de migrações e encontros de povos. Esse solo fértil acolhe a diversidade, assim como a transforma, criando algo único. A umbanda é, sem dúvida, uma expressão viva dessa dinâmica, em que a força do encontro entre culturas se transforma em um caminho de cura, autoconhecimento e espiritualidade.

O que nos revela, então, essa globalização espiritual na umbanda? Ela nos mostra que a religião não se fecha em dogmas rígidos ou fronteiras; abre-se ao movimento do mundo. Enquanto religiões e filosofias em outras partes buscam pureza e ortodoxia, a umbanda se alimenta de seu contato com o diverso. Como um rio que flui, ela corre livremente, adaptando-se ao que encontra em seu caminho, mas sem jamais perder a profundidade de suas águas. Isso é o que a torna uma prática universal e, ao mesmo tempo, profundamente **brasileira**.

A espiritualidade globalizada na umbanda também nos convida a refletir sobre o papel do Brasil como um epicentro energético. Não é por acaso que muitas das tradições que foram marginalizadas ou reprimidas em outros contextos floresceram aqui. O Brasil oferece não apenas um refúgio, mas também um lugar onde essas tradições podem se expressar plenamente, honrando suas raízes enquanto se transformam. A umbanda, ao incorporar essas influências e devolver uma espiritualidade renovada ao mundo, reafirma o Brasil como um local onde a conexão entre os mundos físico e espiritual encontra um ponto de equilíbrio.

Finalizamos este bloco com a certeza de que a **globalização espiritual** na umbanda não é algo que a dilui, mas, sim, a fortalece. Quanto mais ela absorve, mais ela expande, criando uma prática que dialoga com as dores e esperanças de todas as partes do mundo, mas sempre com o coração brasileiro pulsando em seu centro.

Que possamos continuar a celebrar essa diversidade, acolhendo as diferentes manifestações espirituais com respeito e consciência e mantendo viva a essência de uma religião que transcende o tempo e o espaço, guiada pelo espírito acolhedor do Brasil – **o coração espiritual do mundo**.

LINHAS POVOS DA RUA:

# MALANDROS, EXUS, POMBAGIRAS, EXU MIRIM E POMBAGIRA MIRIM

Nos Povos da Rua, encontramos as entidades que nos ensinam a lidar com as encruzilhadas da vida. Exus e Pombagiras, guardiões das fronteiras entre o sagrado e o profano, são os espíritos que nos ajudam a abrir caminhos, enfrentar desafios e encontrar justiça. Eles trabalham nas sombras, mas sempre com uma luz que guia os que estão perdidos. Com sua força e sabedoria, ensinam que cada escolha, cada encruzilhada, é uma oportunidade de evolução.

Os Malandros nos lembram de que a vida também pode ser leve e irreverente, e que às vezes o humor e a esperteza são as melhores ferramentas para superar as dificuldades. Já os Cangaceiros e Piratas, com sua energia de luta e resistência, representam a justiça social e o combate às injustiças que oprimem o povo. Eles trazem a força do combate, da resistência, mas sempre com uma visão de transformação e libertação.

A mística dos Caminhos da Rua está em nos mostrar que a vida é feita de escolhas e que, mesmo nos momentos mais difíceis, sempre há um guia espiritual pronto para nos ajudar. Essas entidades trabalham no terreno das nossas maiores batalhas, trazendo não apenas soluções, mas também a coragem de enfrentar o que precisa ser transformado.

CAPÍTULO 27

# LINHA DOS MALANDROS

**A LINHA DOS MALANDROS** na umbanda representa a astúcia e a boemia; é o reflexo espiritual da sobrevivência ética em meio à exclusão e ao apagamento social. Essas entidades não são a romantização de figuras delinquentes ou disfuncionais, mas espíritos que, em vida, enfrentaram as margens da sociedade com inteligência, dignidade e ética. O Malandro é aquele que aprendeu a lidar com a escassez material e o abandono político e retorna no plano espiritual para acolher e orientar aqueles que enfrentam as mesmas adversidades.

No centro dessa linha está **Zé Pelintra**, uma figura que passou por uma metamorfose ao longo do tempo. De Juremeiro nordestino a ícone da malandragem urbana, Zé Pelintra tornou-se símbolo da luta dos trabalhadores informais, dos excluídos e dos marginalizados urbanos. Sua transformação reflete a capacidade de adaptação espiritual às dinâmicas sociais das grandes cidades brasileiras, onde a sobrevivência requer astúcia, carisma e uma profunda compreensão dos jogos de poder e resistência.

Os Malandros acolhem aqueles que, assim como eles, foram deixados à margem da sociedade, oferecendo proteção e conselhos que surgem de suas próprias vivências de exclusão. Essas entidades atuam nos espaços liminares da cidade, onde as regras são maleáveis e a luta pela sobrevivência exige esperteza e sabedoria. Na umbanda, a linha dos Malandros se configura como um espaço de refúgio para os que vivem à margem das normas e expectativas sociais, ajudando a encontrar caminhos de sobrevivência que dependem não da violência ou da transgressão moral, mas da astúcia ética.

O trabalho espiritual dos Malandros tem a profundidade de quem conheceu a injustiça mas não se entregou a ela. Esses espíritos retornam para **acolher seus pares**, oferecendo, além de soluções práticas, uma visão de vida que ultrapassa as limitações impostas pelo sistema social excludente. Ao contrário das caricaturas de malandros como desordeiros ou delinquentes, o **Malandro Espiritual** é aquele que eticamente navegou pelas tensões e injustiças da vida, emergindo com sabedoria para ajudar aqueles que buscam a mesma resiliência.

Este capítulo desmistifica a imagem da malandragem enquanto romantização da marginalidade disfuncional, enfatizando que o Malandro espiritual é, acima de tudo, **aquele que sobreviveu à falta de oportunidades, às desigualdades e às injustiças, com "jogo de cintura" e sem perder a ética**. Ele oferece acolhimento, respeito e proteção para os que enfrentam os mesmos desafios.

## MALANDRAGEM E BOEMIA: A FILOSOFIA DA RUA

A **malandragem**, dentro da linha dos Malandros, não deve ser vista sob o prisma da desonestidade, mas como uma **filosofia da rua** – uma sabedoria forjada nas margens da sociedade, onde astúcia e sobrevivência caminham lado a lado. O Malandro não age com desvio moral, mas com uma profunda compreensão das adversidades e injustiças do mundo urbano. Sua esperteza é utilizada para **navegar de maneira ética** em um cenário que oferece poucas opções legítimas de sobrevivência.

Essa filosofia emerge nas ruas, onde o improviso e a adaptação são indispensáveis para a vida cotidiana. A **boemia**, na visão do Malandro, é a busca por liberdade em um ambiente marcado pela escassez, mas sem perder a leveza. **Zé Pelintra**, como ícone da malandragem, personifica esse equilíbrio. Ele habita os espaços da noite, como bares e botequins, não para se entregar ao escapismo, mas para encontrar, nesses espaços, uma resistência silenciosa contra as pressões da vida.

A malandragem espiritual acolhe e protege aqueles que, assim como Zé Pelintra, vivem à margem do sistema. Nas ruas, a filosofia do Malandro ensina que é possível viver de forma íntegra, mantendo a dignidade, mesmo quando o sistema impõe condições de exclusão e injustiça. O **Malandro espiritual** usa sua sabedoria para trilhar caminhos alternativos, com carisma e estratégia, sem recorrer à transgressão moral, mas resistindo com inteligência e criatividade às limitações impostas pela sociedade.

## ZÉ PELINTRA: DO JUREMEIRO AO MALANDRO URBANO

**Zé Pelintra** é uma das figuras mais complexas e icônicas da umbanda. Ele representa a junção de duas grandes tradições espirituais: originalmente ligado ao **catimbó** do Nordeste como Juremeiro, Zé Pelintra foi "adotado" pela umbanda, na qual se tornou o **patrono da malandragem urbana**. Essa transição marca a adaptação de uma figura espiritual às demandas culturais e sociais de um Brasil em rápida urbanização, especialmente no Rio de Janeiro, onde Zé Pelintra se conectou profundamente à boemia e à vida das ruas.

Como **Malandro**, Zé Pelintra personifica o espírito de quem viveu à margem da sociedade, não por escolha, mas pela necessidade de se adaptar ao sistema opressor. A elegância – sempre vestido de branco, com chapéu-panamá e bengala – é um símbolo de sua astúcia e capacidade de transitar entre mundos, ajudando tanto os pobres quanto os marginalizados a encontrarem soluções para problemas cotidianos. Ele é conhecido como o **"advogado dos pobres"**, alguém que, com charme e carisma, resolve questões materiais e espirituais sem recorrer à violência ou à transgressão das normas morais.

A malandragem de Zé Pelintra não está no **desvio do correto**, mas em **encontrar brechas no sistema** para que seus protegidos possam sobreviver com dignidade. Ele se movimenta pelas encruzilhadas da vida urbana oferecendo orientação prática e espiritual para quem enfrenta a falta de oportunidades. Como espírito, Zé Pelintra carrega as marcas da exclusão social que sofreu em vida e usa sua experiência para **acolher e proteger** aqueles que seguem nas mesmas condições. A transição de Juremeiro para Malandro urbano é um testemunho de sua adaptabilidade, refletindo a capacidade de moldar-se às demandas culturais e espirituais das grandes cidades brasileiras.

Em sua atuação, Zé Pelintra ensina que ser **Malandro espiritual** é saber driblar as dificuldades do cotidiano com inteligência e carisma, sem perder o respeito pelos outros. Ele não age pela transgressão, mas pela astúcia ética, sendo um mediador para aqueles que precisam de soluções em um mundo onde as regras nem sempre favorecem os mais pobres.

## DIFERENÇAS ENTRE MALANDROS E EXUS

Embora tanto os **Malandros** quanto os **Exus** atuem nas encruzilhadas, o tipo de energia e as questões que cada um aborda são essencialmente diferentes. Enquanto os Exus lidam com forças espirituais densas, ajudando a transmutar energias pesadas e lidar com desafios espirituais profundos, os Malandros estão voltados para a **resolução de questões mais práticas e sociais**, mantendo sua atuação em uma esfera leve e focada no cotidiano.

Exus são frequentemente evocados em demandas que envolvem confrontos com energias sombrias, proteção de espaços contra forças negativas e **remodelação de destinos cármicos**. Eles trabalham em um campo de alta intensidade espiritual, no qual sua função de guardiões das encruzilhadas reflete a capacidade de transformar energias intensas que impactam diretamente a vida espiritual do consulente. Exu é o mediador entre o caos e a ordem, lidando com escolhas cármicas de grande peso e cuidando das forças que operam entre o plano material e o espiritual.

Já os Malandros, como **Zé Pelintra**, são figuras ligadas ao campo da **resiliência e da astúcia social**, atuando de maneira mais leve, não pela profundidade do conflito espiritual, mas pelo entendimento das dificuldades da vida urbana. Sua energia é mais suave, embora não menos eficaz, pois lida com as **lutas cotidianas** que afetam aqueles que se encontram nas margens da sociedade. Em vez de forças cármicas ou energias densas, os Malandros estão ligados ao espírito da sobrevivência, ajudando os consulentes a **navegarem pelo sistema com inteligência e carisma**, sem a necessidade de recorrer a confrontos intensos com forças sombrias.

Além disso, enquanto Exu trabalha com a **lei universal do equilíbrio**, assegurando que todas as escolhas e ações sejam guiadas por consequências cármicas, os Malandros se concentram em **estratégias práticas de sobrevivência**, sem interferir em processos espirituais profundos. A leveza com que os Malandros atuam reflete seu **distanciamento das forças mais densas**, e sua função na umbanda é precisamente evitar que as dificuldades do cotidiano se transformem em barreiras espirituais maiores.

A diferença entre essas duas linhas reside na natureza das energias que manipulam: os **Exus** trabalham com a **transmutação de energias espirituais**

**densas**, enquanto os **Malandros** focam a **superação das injustiças sociais** e o manejo das dificuldades práticas, garantindo que seus protegidos encontrem equilíbrio em meio ao caos da vida urbana, sem adentrar nas sombras que os Exus enfrentam.

## SIMBOLISMO E RITUALÍSTICA

A linha dos Malandros tem uma simbologia rica, refletindo a elegância e a astúcia de suas entidades. Os Malandros, como **Zé Pelintra**, são conhecidos por sua vestimenta característica: ternos brancos impecáveis, chapéus de aba larga e sapatos engraxados, transmitindo uma imagem de carisma, respeito e autoridade. Esses elementos representam a **força de quem sobreviveu à vida nas ruas**, mas sem perder a dignidade e a classe. A estética do Malandro é uma afirmação de que, mesmo na adversidade, há espaço para beleza e expressão.

## OFERENDAS

As oferendas aos Malandros geralmente incluem **charutos, cigarros, bebidas alcoólicas** como cachaça ou cerveja, e comidas simples, como farofa. Esses itens não são apenas símbolos materiais, mas uma forma de conexão direta com as forças espirituais, representando a energia leve e boêmia dessas entidades. Os lugares onde se realizam esses cultos e oferendas, como bares ou praças, refletem a forte ligação dos Malandros com o ambiente urbano e a cultura de rua.

## ELEMENTOS SIMBÓLICOS

- **CHARUTOS E CIGARROS:** utilizados para liberar energias e marcar a presença dos Malandros durante as incorporações. O charuto representa o controle sobre as situações e a habilidade de lidar com tensões, simbolizando também o poder de **transformar desafios em oportunidades**.

- **CHAPÉU E BENGALA:** o chapéu de aba larga e a bengala são sinais de *status* e poder, e, espiritualmente, representam a **proteção e a sabedoria** que os Malandros oferecem. A bengala, muitas vezes estilizada, é vista como uma ferramenta para **abrir caminhos** e desviar das armadilhas da vida urbana.

- **BEBIDAS ALCOÓLICAS:** frequentemente oferecidas nas giras, as bebidas têm a função de ajudar na liberação de bloqueios emocionais e energéticos, facilitando a comunicação entre o plano espiritual e o plano terreno.

## PONTOS RISCADOS

Os **pontos riscados** dos Malandros também têm uma função importante no ritual. Comumente traçados com pemba, esses símbolos gráficos invocam a energia do Malandro e estabelecem a ligação entre o terreiro e as ruas. Cada Malandro tem seu ponto característico, muitas vezes simples, refletindo sua capacidade de atuar em ambientes práticos e terrenos, sem a complexidade das energias densas que outros guias enfrentam.

## RELAÇÃO COM O AMBIENTE URBANO

O **cenário urbano** é central para o simbolismo dos Malandros. Bares, botequins e esquinas são os espaços onde essas entidades se manifestam e onde muitas vezes os cultos são realizados. O ambiente da cidade, com sua vibração de movimento constante e suas relações sociais complexas, é o *habitat* natural dos Malandros. Ao ocuparem esses espaços, eles mostram que é possível **encontrar espiritualidade até nas realidades mais concretas e aparentemente caóticas** da vida urbana.

## RELEVÂNCIA CONTEMPORÂNEA

A figura do Malandro é o arquétipo da **adaptação inteligente**, representando uma luta ativa por dignidade e sobrevivência em cenários de desigualdade. Na sociedade contemporânea, marcada pela intensificação das tensões sociais, o Malandro espiritual continua sendo relevante, pois ensina que resistir ao sistema é não apenas lutar, mas também **viver com leveza e sabedoria**.

Enquanto símbolos de resistência, os Malandros demonstram que a vida nos contextos urbanos e periféricos pode ser enfrentada sem perder a **dignidade e a ética**. Suas lições, extraídas das ruas, não se limitam a sobreviver, mas a **transformar adversidades em oportunidades**. O Malandro é aquele que, mesmo diante de desafios econômicos e sociais, não se rende ao desespero, mas encontra caminhos alternativos e formas criativas de continuar em movimento. Sua energia ensina que a **espiritualidade** pode estar presente nas ruas, nas esquinas e nas lutas diárias de quem resiste ao apagamento social.

Portanto, a linha dos Malandros representa mais do que uma espiritualidade para quem vive à margem; ela é um reflexo da **capacidade humana de resistir**, persistir e se reinventar em meio às adversidades, com um toque de charme, inteligência e ética.

## FALANGES MAIS COMUNS DE MALANDROS E MALANDRAS

- **ZÉ PELINTRA**: o ícone da malandragem e da boemia.

- **ZÉ NAVALHA**: conhecido por sua astúcia e habilidade de "cortar" as dificuldades.
- **ZÉ DA FACA**: figura de proteção, especialmente em situações de perigo.
- **CAMISA PRETA**: atuante na abertura de caminhos e na proteção energética.
- **ZÉ PRETINHO**: conhecido por sua ligação com a proteção e a astúcia.
- **CAMISA LISTRADA**: figura de simpatia e carisma.
- **ZÉ SETE PUNHAIS**: representa a força e a resistência no combate às adversidades.
- **ZÉ DA RUA**: atua nas encruzilhadas, facilitando transições de vida.
- **ZÉ DOS VENTOS**: trabalha com o movimento das energias e oportunidades.

- **MARIA NAVALHA**: conhecida por sua sagacidade e proteção nas ruas.
- **MARIA DO MORRO**: figura de acolhimento e cuidado das comunidades.
- **MARIA DA PRAIA**: ligada às energias leves e à fluidez do mar.
- **MALANDRA ROSA**: conhecida por sua elegância e astúcia.
- **MARIA FUMAÇA**: energia dinâmica e de movimento, resolve bloqueios.
- **MARIA DA NOITE**: protetora daqueles que vivem nas noites urbanas.
- **MARIA CABARÉ**: simboliza a boemia e a vida noturna, associada à beleza e ao charme.
- **MALANDRINA**: uma malandra de espírito jovem e leve, conhecida por sua elegância e destreza nas situações do cotidiano.

- **MENINA DA NOITE**: uma entidade ligada à energia da noite, protege aqueles que vivem ou trabalham durante esse período.

Ao concluirmos este capítulo, vale compreender que essa linha é uma ponte direta para a realidade social em que vivemos. Esses espíritos, que cuidam dos marginalizados, nos lembram da urgência de olhar para o mundo ao nosso redor com **compaixão e responsabilidade**. O umbandista, ao incorporar a energia dos Malandros, também assume o compromisso de **não ser indiferente à fome, ao abandono e à injustiça**. Honrar Zé Pelintra e seus companheiros é, acima de tudo, **agir**.

Em um país onde mais de 4% da população encontra-se em situação de insegurança alimentar e tantos sofrem nas ruas, é fundamental que a prática espiritual não se limite ao terreiro. Os Malandros, que se fizeram na luta diária dos excluídos, nos ensinam que a verdadeira espiritualidade passa pelo reconhecimento dos menos favorecidos. Olhar para o próximo, estender a mão aos que foram esquecidos pelo sistema, é uma forma de alinhar o trabalho espiritual com a prática no mundo físico.

Ser médium de uma entidade como Zé Pelintra é muito mais do que abrir caminhos espirituais: é abrir **espaços de solidariedade e justiça**. A cada gira, a cada consulta, temos a oportunidade de refletir sobre as desigualdades de nossa cidade, nosso bairro e nosso país, e fazer com que a **caridade** não seja apenas uma palavra, mas uma ação concreta. Assim, ao honrar esses espíritos que andam entre os pobres e excluídos, também honramos o propósito maior da umbanda: acolher, proteger e transformar.

Esta é a grande lição dos Malandros: a espiritualidade é feita de atos, e **não há espiritualidade verdadeira onde falta empatia**.

# CAPÍTULO 28

# LINHA DE EXU

**EXU**, na umbanda, é uma figura multifacetada, cercada por mitos, preconceitos e, sobretudo, incompreensões. Embora referenciadas ao orixá Exu, que é o senhor do movimento, da comunicação e das encruzilhadas, as entidades conhecidas como Exus – o **Povo da Rua** – são espíritos humanos. Eles atuam nas áreas liminares da existência, trabalhando diretamente nos problemas materiais e espirituais dos consulentes, ajudando a abrir caminhos e a transformar situações desafiadoras. Contudo, sua proximidade com o mundo material e sua atuação nas encruzilhadas simbólicas e literais acabaram por marginalizá-los ao longo do tempo.

O conceito de **Povo da Rua** transcende o espaço físico da rua e se liga a um simbolismo mais profundo: a rua é um lugar de passagem, de encontros inesperados, de escolhas e, muitas vezes, de incerteza. Exu atua exatamente nesse ponto, em que as normas sociais e espirituais se encontram e se transformam. Ele oferece múltiplos caminhos e alternativas, desatando nós que impedem o progresso e ajudando a abrir novos horizontes. No entanto, essa ligação com a rua, um lugar visto como caótico e marginalizado, fez com que Exu fosse erroneamente associado a comportamentos desordeiros e espiritualmente "atrasados". Essa visão reflete não somente um preconceito, mas também uma falta de entendimento sobre a natureza de sua atuação.

Historicamente, a figura de Exu foi alvo de um intenso processo de **demonização**, especialmente com a chegada do cristianismo ao Brasil. Para as lentes coloniais, o orixá Exu foi associado ao diabo, o que influenciou a maneira como as entidades Exus passaram a ser vistas. Essa distorção reforçou a marginalização dessas entidades, fazendo com que fossem percebidas como "delinquentes espirituais" ou forças caóticas, distantes de qualquer evolução. Vagner Gonçalves da Silva, na obra *Exu: um deus afro-atlântico no Brasil*, revela como esse processo foi conduzido, associando Exu ao mal e reduzindo sua verdadeira função de mediador e equilibrador das forças espirituais e materiais.

Além da demonização, o papel de Exu no terreiro é, muitas vezes, mal compreendido até dentro da própria umbanda. Muitos ainda veem essas entidades como responsáveis apenas por demandas materiais, sem reconhecer a profundidade de seu trabalho. Muniz Sodré, em *Exu inventa o seu tempo*, argumenta que Exu é uma entidade que age nas encruzilhadas da vida para oferecer escolhas e soluções que outros guias espirituais não conseguem acessar. Ele lida com energias densas, transformando o que está estagnado e promovendo movimento.

Portanto, ao longo deste capítulo, vamos desmistificar a ideia de Exu como uma entidade marginalizada ou presa ao caos. Exu não é um espírito irresponsável ou atrasado; ele é, na verdade, uma força de transformação, equilíbrio e responsabilidade, que age nas zonas mais desafiadoras da existência para proporcionar progresso e movimento. Ao compreendermos sua verdadeira função, podemos apreciar sua importância essencial na teia espiritual que sustenta o equilíbrio da vida.

## HISTÓRICO DE DEMONIZAÇÃO

A trajetória de Exu nas religiões afro-brasileiras é marcada por distorções históricas que obscurecem sua verdadeira natureza e importância. O processo de demonização de Exu teve início com o processo de escravidão e colonização desde a África até o Brasil, quando missionários e colonizadores reinterpretaram suas características sob a ótica de uma religião eurocêntrica, baseada em uma rígida divisão entre o bem e o mal. Por falta de compreensão da cosmologia africana, Exu – uma entidade vital para o equilíbrio das forças espirituais – foi erroneamente associado à figura do diabo, criando um estigma que persiste até hoje.

Exu, enquanto orixá, é o senhor do movimento, da comunicação e das encruzilhadas. Sua função é garantir o fluxo contínuo entre os mundos espiritual e material, atuando como mensageiro e facilitador das trocas energéticas. Contudo, essa fluidez e capacidade de transitar entre esferas de existência desafiava a visão cristã, que valorizava uma ordem fixa e estável. Exu, com sua irreverência e ambiguidade, foi então interpretado como desafiador das normas estabelecidas, e essa visão foi transferida para as entidades Exus que trabalham nos terreiros.

Conforme destaca Vagner Gonçalves da Silva em *Exu: um deus afro-atlântico no Brasil*, o processo de demonização de Exu foi sistemático. A incapacidade de inserir Exu no dualismo cristão resultou em uma caricatura maligna, associando-o às práticas demoníacas. Esse mal-entendido acarretou a marginalização de Exu tanto como orixá quanto como entidade. Ao ser forçado a encaixar-se em uma narrativa cristã, ele foi transformado em um símbolo de caos e desordem, uma imagem que ainda contamina o imaginário popular e a percepção que muitas pessoas têm da umbanda.

Outro aspecto que intensificou essa marginalização foi o simbolismo das **encruzilhadas**. Nas cosmologias africanas, a encruzilhada é um espaço de poder, um local de escolha e transformação. Exu, como guardião desse espaço, é o mediador que oferece opções e permite que a vida siga em movimento. No entanto, sob o olhar cristão, as encruzilhadas foram associadas à perdição e tentação. Assim, a ligação de Exu com esses espaços reforçou a ideia de que ele seria uma figura ligada ao mal e à desordem. Muniz Sodré, em *Exu inventa o seu tempo*, explora essa visão deturpada e ressalta que Exu, na verdade, representa o dinamismo necessário para que a vida evolua, promovendo equilíbrio em meio ao movimento e à transição.

Além da influência religiosa, o contexto social do Brasil colonial contribuiu para essa visão marginalizada de Exu. As entidades Exus, na umbanda, tornaram-se conhecidas como o **Povo da Rua**, uma referência direta à sua atuação nos espaços de transição, como as ruas e encruzilhadas. A rua, simbolicamente, é um local de liberdade e possibilidade, mas também de marginalização e incerteza. Essa associação reforçou a ideia de que Exu estaria vinculado às camadas mais excluídas da sociedade, como os trabalhadores informais e aqueles que viviam fora das normas convencionais. No entanto, é justamente nessa atuação nas fronteiras entre o humano e o espiritual que reside a importância de Exu: ele lida com o que é considerado difícil, com o que outros guias não alcançam.

Essa imagem de Exu como **"delinquente espiritual"**, que opera fora da ordem, reflete um entendimento superficial e distorcido de sua verdadeira missão. Longe de ser uma força caótica, Exu é, na verdade, um **facilitador de caminhos**. Ele não impõe destinos, mas oferece alternativas, colocando o consulente diante de múltiplas possibilidades e respeitando sempre o livre-arbítrio. Sua função não é causar desordem, mas **criar movimento** e **desatar os nós** que bloqueiam o fluxo de energias, permitindo que a vida siga seu curso natural.

Exu, tanto como orixá quanto como entidade, é essencial para o equilíbrio entre os mundos espiritual e material. Sua atuação nas encruzilhadas, enquanto simbólica, é também prática: ele abre caminhos, remove obstáculos e protege aqueles que buscam sua ajuda. Ao compreender a profundidade do trabalho de Exu, torna-se possível desmistificar as ideias preconcebidas que o cercam e enxergá-lo como o que ele realmente é – um **guardião de transição** e **equilibrador das forças** que sustentam a vida.

O desafio atual é desconstruir as ideias enraizadas pela demonização de Exu e reconhecer sua verdadeira essência. Exu não é uma entidade estagnada ou ligada à desordem; ele é a própria **transformação**, que age de forma intencional e estratégica para promover o movimento necessário à evolução. Reposicioná-lo como uma força de transformação é não só um resgate de sua verdadeira natureza, mas também uma oportunidade de reequilibrar a narrativa espiritual que foi deturpada ao longo do tempo.

## O VERDADEIRO PAPEL DE EXU

Apesar de séculos de distorções e mal-entendidos, o papel de Exu na umbanda vai muito além das imagens simplistas e marginalizadas. Ele é um **facilitador de caminhos**, atuando como um ponto de transição essencial entre os mundos espiritual e material. Exu, o Povo da Rua, carrega uma missão crucial: assegurar que o fluxo das energias aconteça de forma equilibrada e que os consulentes encontrem soluções para os impasses que enfrentam na vida cotidiana. Sua atuação, no entanto, é frequentemente mal interpretada, confundida com transgressão e desordem.

A figura de Exu está intimamente ligada à **encruzilhada**, um espaço que simboliza as escolhas e direções que todos precisamos tomar em nossas jornadas. Ao contrário de um ser "delinquente espiritual", Exu atua com **sabedoria estratégica**, apresentando múltiplos caminhos ao consulente, sempre respeitando o livre-arbítrio.

Ele não é um agente do caos, mas o **guardião do movimento**, permitindo que o consulente transite por momentos críticos e tome decisões que levam ao crescimento. Sua presença assegura que não haja estagnação, que a vida siga em constante transformação.

Dentro dos terreiros de umbanda, Exu é a primeira entidade saudada. Isso não é casual, pois ele é o intermediário que possibilita a comunicação fluida entre os mundos, abrindo os caminhos para que outras entidades possam atuar. Ao desatar nós espirituais e mover energias estagnadas, Exu **restabelece o equilíbrio** onde há confusão ou bloqueio. Muniz Sodré, em *Exu inventa o seu tempo*, destaca que Exu trabalha precisamente onde as energias se encontram mais densas e desafiadoras, o que faz dele uma figura essencial em momentos de grandes transformações pessoais.

Sua relação com as encruzilhadas também reflete sua capacidade de operar nas zonas liminares da existência, nas fronteiras entre o espiritual e o material. Vagner Gonçalves da Silva, em *Exu: um deus afro-atlântico no Brasil*, reforça que a missão de Exu não é ditar caminhos, mas **criar as condições** para que o consulente possa fazer escolhas informadas e conscientes, garantindo que as energias fluam conforme as leis universais de causa e efeito. Exu é, acima de tudo, uma entidade de transformação – ele age para que o consulente tenha a oportunidade de mudar, crescer e evoluir.

A visão de Exu como um **facilitador estratégico** contrasta fortemente com as percepções limitadas que o associam a demandas superficiais ou ações impulsivas. Sua atuação é guiada por uma **inteligência espiritual** refinada, ajudando o consulente a enxergar alternativas em momentos de crise e desorientação. Em vez de apenas resolver problemas imediatos, Exu promove soluções duradouras, preparando o terreno para mudanças profundas. Ele desmistifica a ideia de que o caos é sinônimo de desordem, mostrando que o verdadeiro caos são a falta de movimento e a incapacidade de transformação.

Por isso, compreender o papel de Exu requer uma mudança de perspectiva: ele não é o arquétipo da desordem, mas sim o **guardião do equilíbrio dinâmico** que mantém a vida em constante movimento. Sua função é crucial para que o consulente possa trilhar novos caminhos, lidar com os obstáculos que surgem e encontrar as soluções necessárias para sua evolução espiritual e material.

Em última análise, Exu personifica a ideia de que **não existe evolução sem movimento**. Ele está presente em cada momento de escolha, ajudando a transformar o caos em oportunidade, o bloqueio em fluxo, e a confusão em clareza. Ao reposicionarmos Exu como uma entidade de inteligência estratégica, reconhecemos que sua atuação é uma força essencial de renovação, permitindo que a vida siga seu curso natural de transformação constante.

## EXU NA PRÁTICA DE TERREIRO

No contexto dos terreiros de umbanda, Exu atua como **guardião das porteiras**, o mediador espiritual que mantém a ordem entre os mundos material e espiritual. É ele quem, desde o início de cada gira, abre os caminhos e garante que as energias fluam livremente, permitindo que o trabalho espiritual aconteça com segurança e equilíbrio. Seu papel é essencial para a proteção do terreiro, evitando que forças desarmônicas ou entidades perturbadoras interfiram nas práticas.

Quando Exu é saudado, não é apenas por formalidade: ele literalmente cria um campo de proteção ao redor do terreiro, filtrando as energias que entram e saem, mantendo o espaço espiritualmente saudável. Como explica Vagner Gonçalves da Silva, Exu tem a capacidade única de **transitar por energias densas** e manipulá-las sem se deixar corromper por elas. Assim, sua presença é uma proteção contra qualquer influência que possa prejudicar o ambiente.

Um aspecto profundamente simbólico e prático de sua atuação são as **oferendas feitas nas encruzilhadas**. As encruzilhadas, ponto de encontro entre diferentes direções, simbolizam a pluralidade de caminhos e escolhas que a vida oferece. Quando uma oferenda é feita a Exu nesse local, não é apenas um gesto de respeito ou pedido de ajuda; é uma forma de nutrir essa energia de abertura, de reconhecer sua função de mostrar alternativas e novas direções. As oferendas, cuidadosamente preparadas, estabelecem uma troca de energia poderosa, em que o consulente oferece algo material e recebe em troca a movimentação espiritual que só Exu pode proporcionar.

No entanto, Exu não atua somente em questões imediatas ou superficiais. Embora muitos o busquem para resolver questões de natureza material, como prosperidade financeira ou problemas amorosos, **Exu trabalha em um nível muito mais profundo**.

Sua função não é meramente realizar desejos, mas garantir que cada solução seja **alinhada às leis espirituais**. Muniz Sodré ressalta que Exu atua como um **equilibrador cármico**, garantindo que as escolhas e ações dos consulentes estejam em conformidade com o fluxo espiritual, promovendo transformações verdadeiras e duradouras.

Em alguns casos, a sabedoria de Exu vai além do que o consulente consegue perceber. Ele também trabalha para **reestruturar a trajetória do consulente**, oferecendo uma visão estratégica dos caminhos a seguir. Sua função como **facilitador de escolhas** é essencial nos momentos de crise, nos quais o consulente se encontra diante de encruzilhadas decisivas. Exu age com precisão, ajudando a **desatar nós** que impedem o avanço e trazendo clareza em meio à confusão.

É importante também desmistificar a ideia de que Exu seria uma entidade de "segunda classe" ou inferior. Exu atua nas esferas mais complexas da existência espiritual, enfrentando desafios que outras entidades não podem ou não conseguem alcançar. Sua **inteligência espiritual** e sua capacidade de transitar entre diferentes níveis de energia fazem dele um dos **pilares fundamentais da umbanda**. Como guardião, transformador e equilibrador, Exu é indispensável para a saúde energética do terreiro e para a evolução espiritual dos consulentes.

## PRINCIPAIS SIMBOLISMOS

- **ENCRUZILHADA:** um dos símbolos mais marcantes associados a Exu, a encruzilhada representa o ponto onde os caminhos se encontram, onde se fazem escolhas e onde se decide o rumo da vida. É o local onde Exu trabalha, facilitando o movimento e abrindo portas para novas direções.

- **CHAVE:** simboliza o poder de Exu de **abrir e fechar caminhos**, tanto no plano espiritual quanto no material. Exu tem o controle das passagens entre os mundos, permitindo ou impedindo o trânsito de energias e entidades.

- **CAJADO OU TRIDENTE:** em algumas representações, Exu é visto com um cajado ou tridente, simbolizando seu papel de guia e líder nas encruzilhadas, além de seu poder sobre as forças que atuam nos diferentes planos de existência. Também é representada a tripolaridade de ação mágica de Exu nos aspectos positivo, neutro e negativo.

- **CORES:** as cores predominantes associadas a Exu são o **vermelho** e o **preto**, que simbolizam sua relação com o dinamismo (vermelho) e a transformação e o equilíbrio entre luz e sombra (preto). Essas cores são frequentemente usadas em roupas e velas nas oferendas.

- **BEBIDAS:** bebidas alcoólicas, como cachaça, destilados ou vinho. Essas oferendas não têm apenas um caráter material; representam uma troca de energia entre o consulente e a entidade, reforçando o vínculo e o trabalho espiritual entre outras propriedades na magia.

## ELEMENTOS COMUNS NO TRABALHO

- **FUMOS E BEBIDAS:** Exu pode ser visto consumindo fumo ou álcool durante suas incorporações, elementos que possibilitam o movimento de energias mais densas. Ao "fumar" ou "beber",

Exu transfigura essas substâncias em energia espiritual, utilizando-as para equilibrar vibrações ou desfazer feitiços e demandas negativas.

- **PUNHAL OU FACA:** em alguns casos, Exu está com um punhal ou faca, simbolizando sua capacidade de **cortar laços e cordões negativos** e desfazer obstáculos espirituais que estejam bloqueando o avanço do consulente.

## NOMES MAIS COMUNS DE FALANGES

As falanges que trabalham na linha de Exu têm diferentes nomes e características, muitas vezes associadas a suas funções específicas. A seguir estão alguns dos "**Exus mais conhecidos**" no Brasil:

- **EXU CAVEIRA:** guardião das almas, trabalha com a transição entre vida e morte.

- **EXU TRANCA-RUAS:** controlador das encruzilhadas, responsável por abrir e fechar caminhos.

- **EXU TIRIRI:** conhecido por sua atuação rápida e decisiva, lidando com demandas urgentes.

- **EXU MARABÔ:** entidade associada ao poder e à transformação de situações difíceis.

- **EXU SETE ENCRUZILHADAS:** trabalha diretamente nas encruzilhadas, facilitando decisões cruciais.

- **EXU SETE CAVEIRAS:** ligado à morte e à transformação, atua em processos de corte de demandas negativas.

- **EXU VELUDO:** conhecido por sua elegância e seu refinamento espiritual.

- **EXU GIRA-MUNDO:** responsável pela movimentação global das energias, intervindo em situações amplas.

- **EXU PINGA-FOGO:** atua na transformação de energias densas através da intensidade do fogo.

- **EXU MEIA-NOITE:** atua especialmente durante a noite, trazendo proteção e soluções no plano astral.

- **EXU SETE PORTAS:** trabalha em aberturas e fechamentos de passagens espirituais importantes.

- **EXU TATA CAVEIRA:** entidade que trabalha com as forças da morte e da transformação espiritual.

- **EXU BRASA:** ligado ao elemento fogo, atua em processos intensos de limpeza espiritual.

- **EXU CORCUNDA:** representa a sabedoria adquirida através de ciclos espirituais.

- **EXU REI DAS SETE LIRAS:** trabalha com o poder do som e das vibrações para harmonizar o ambiente.

- **EXU SETE FACADAS:** atua em demandas que envolvem traumas profundos e cortes energéticos.

- **EXU CALUNGA:** ligado ao cemitério e à mudança de realidade.

- **EXU CAPA PRETA:** conhecido por sua presença imponente, Exu Capa Preta é frequentemente associado à proteção contra energias negativas e à quebra de demandas.

- **EXU QUEBRA-GALHO:** resolve situações rápidas e emergenciais.

- **EXU MORCEGO:** trabalha em ambientes sombrios, trazendo clareza para o que está oculto.

## ENTIDADE HUMANA

Quando falamos de **Exu**, falamos não apenas de uma entidade espiritual, mas também de uma manifestação viva de nossa própria humanidade. Ele está na encruzilhada, tanto física quanto simbólica, em que fazemos escolhas que definem nossas trajetórias. Ao contrário do que os preconceitos históricos tentaram impor, Exu não é uma figura moralizada, limitada por conceitos de bem ou mal cristão. Ele não se enquadra na dualidade simplista que por séculos tentaram forçar sobre sua imagem. Exu é a pura **dinâmica da vida**, o fluxo constante entre caos e ordem, e, principalmente, a voz da **ética da existência**, muito além da moralidade rígida e superficial.

Exu nos ensina algo fundamental: **a vida é movimento**, e não há evolução sem transformação. Ele nos desafia a abandonar o medo do julgamento e a abraçar as escolhas que temos pela frente, sem nos atermos às amarras da culpa ou da dúvida. É Exu quem nos mostra que as encruzilhadas da vida são oportunidades – não de seguir o caminho certo ou errado, mas de seguir o caminho **necessário**, aquele que faz parte do nosso processo de crescimento espiritual e material.

Historicamente, os preconceitos associaram Exu à transgressão, à desordem, mas esses mesmos preconceitos ignoram o que há de mais profundo em sua atuação: a **verdadeira justiça**. Exu, como agente das sombras humanas e equilibrador de forças, nos revela que cada ação tem uma reação. Ele não castiga, mas nos dá a oportunidade de aprender com as consequências de nossas escolhas, sempre respeitando o livre-arbítrio. Ao contrário de uma moralidade barata, voltada a julgar o comportamento, Exu atua no campo da **ética espiritual**, no qual a verdadeira questão não é o que é certo ou errado, mas sim o que **gera aprendizado** e **transformação**.

Seus **símbolos** – o tridente, as cores preto e vermelho, as encruzilhadas – refletem essa capacidade de transitar entre os extremos da vida. Ele está presente onde o movimento é necessário, onde há energias a serem reestruturadas, onde a estagnação precisa ser superada. E Exu faz isso sem julgamento, sem moralizar nossas decisões, mas garantindo que sempre haja movimento, aprendizado e evolução. Seu trabalho nas encruzilhadas é um trabalho de **liberdade**: ele não impõe, mas nos ajuda a ver claramente os caminhos disponíveis e a escolher aquele que mais ressoa em nossa jornada.

Ao longo dos anos, **o sincretismo distorcido** com o diabo criou uma sombra sobre o verdadeiro poder de Exu. Mas este capítulo nos trouxe a oportunidade de **quebrar essa visão limitadora**, de olharmos para Exu como o que ele realmente é: uma entidade de sabedoria profunda, um espírito que nos lembra de que o poder da vida está em nossas escolhas e de que a verdadeira transgressão é deixar de evoluir, de mudar e de mover-se para frente.

**Exu, a entidade**, é um reflexo de nossa própria luta diária, nossa humanidade em estado puro. Ele nos ensina que o que nos define não são as regras que seguimos cegamente, mas os caminhos que escolhemos trilhar com responsabilidade e consciência. Em suas gargalhadas e seus conselhos diretos, ele nos mostra a coragem necessária para encarar as encruzilhadas e tomar as rédeas da nossa própria história. Exu não nos dá respostas prontas, mas nos oferece **a oportunidade de decidir**, com clareza e autonomia, o que fazer com as opções que se desenrolam diante de nós.

Quebrar os preconceitos sobre Exu significa, antes de tudo, quebrar as correntes que nos prendem a uma visão limitada da espiritualidade. Exu é a liberdade de ser humano, com toda a sua complexidade e profundidade. Ele nos ensina que não há como evoluir sem entrar nas zonas de sombra, sem abraçar a dúvida e sem aceitar que o movimento é a única constante da vida. E, mais do que isso, ele nos ensina que a ética está em cada escolha que fazemos – não no julgamento de quem somos, mas na responsabilidade pelo que nos tornamos.

Exu está aqui, nas encruzilhadas de nossas vidas, nos oferecendo sua mão. Cabe a nós **aceitarmos sua sabedoria** e trilharmos o caminho com coragem, consciência e coração aberto, sabendo que, assim como Exu, somos movidos pela necessidade de crescer e transformar o mundo ao nosso redor.

LAROIÊ EXU, EXU MO JUBÁ!

(EU ME CURVO A TI, EXU, EXU, EU TE REVERENCIO!)

# CAPÍTULO 29

# LINHA DAS POMBAGIRAS

A LINHA DAS POMBAGIRAS na umbanda representa a **força transformadora do feminino**, apoiada pela ancestralidade de mulheres que dominaram o conhecimento espiritual e a magia. Essas entidades, muitas vezes retratadas de forma limitada, são na verdade **herdeiras de antigas feiticeiras e curandeiras**, iniciadas nos mistérios espirituais, que trazem o poder de cura, libertação e justiça. Ao longo da história, muitas dessas mulheres foram perseguidas, silenciadas e marginalizadas por exercerem poder e autonomia em sociedades patriarcais. Pombagira, como entidade espiritual, surge para **resgatar esse legado** e oferecer às mulheres de hoje uma via de cura e empoderamento.

Em suas múltiplas formas, Pombagira não representa apenas a sexualidade e o desejo, como frequentemente se pensa de maneira superficial. Ela é **guardiã do livre-arbítrio**, da liberdade de escolha e da capacidade de **transformar dor em poder**. Sua atuação vai muito além das questões amorosas; Pombagira se manifesta para proteger, curar e fortalecer emocionalmente, em especial em tempos de **opressão e crises pessoais**. Como símbolo de resistência, ela protege as mulheres e os marginalizados, ajudando-os a encontrarem equilíbrio e a **recuperarem suas vozes silenciadas**.

Ao reverenciarmos Pombagira nos terreiros, estamos conectados com a **memória ancestral** de mulheres que desafiaram as normas sociais para preservar seus dons espirituais. Elas são reflexo de uma história de **resiliência**, na qual o feminino, longe de ser submisso, se levanta com poder para enfrentar a opressão e criar novas possibilidades de existência. Esses espíritos nos lembram de que, por trás das lutas diárias, há um poder ancestral que continua a guiar e proteger, em especial aquelas que foram historicamente marginalizadas.

A Pombagira é, portanto, uma **guardiã da justiça social e do empoderamento feminino**, alinhando-se às lutas contemporâneas contra o **patriarcado, o machismo e a misoginia**. A Pombagira se coloca ao lado de todas as mulheres que buscam recuperar sua autonomia, fazendo ecoar a luta por liberdade, dignidade e respeito.

**Empoderar-se por meio da Pombagira** significa muito mais do que buscar soluções espirituais; significa **honrar o legado de resistência feminina**, garantindo que as vozes das silenciadas sejam ouvidas. Sua energia é um lembrete de que a liberdade de escolha, seja no amor ou na vida, é um direito espiritual inalienável, e que, através dela, todas as mulheres podem encontrar **força para transformar suas realidades**. A Pombagira é o espírito da resistência, uma entidade que caminha ao lado de suas filhas e consulentes, mostrando que o poder feminino é inquebrável.

## A POTÊNCIA FEMININA E O LIVRE-ARBÍTRIO

A **Pombagira** é a expressão máxima do **livre-arbítrio** e da autonomia feminina. Sua missão espiritual, além da proteção individual, é como uma **agente de cura e libertação**, ainda mais para as mulheres que, historicamente, tiveram suas escolhas e vozes reprimidas. Sua força está enraizada na **liberdade de escolha**, essencialmente em questões de amor, vida emocional e caminhos espirituais, garantindo que cada indivíduo tenha o poder de tomar as próprias decisões e seguir o próprio destino.

Em uma sociedade que tantas vezes impõe limites e expectativas às mulheres, Pombagira surge para **quebrar essas correntes**. Ela oferece um espaço onde o feminino é livre para florescer, onde as mulheres podem reivindicar o que é seu por direito: a **autonomia sobre suas escolhas**. Esse arquétipo espiritual garante que o direito de **ser livre e escolher** – nos campos amoroso, emocional ou espiritual – seja respeitado e defendido. Sua presença nos terreiros e rituais é um lembrete contínuo de que **a liberdade é sagrada**.

Por meio de sua atuação, Pombagira restaura o **poder pessoal** das mulheres e das pessoas marginalizadas. Ela reverte séculos de opressão, oferecendo uma **cura profunda**, que não apenas alivia dores emocionais, mas também **rompe traumas geracionais**. A energia dela é tanto de proteção quanto de transformação: Pombagira guia seus protegidos para longe de relações abusivas e padrões destrutivos, trazendo à tona a força necessária para **recomeçar** e seguir em frente com coragem.

Em consonância com o pensamento de bell hooks, que defende o empoderamento como um processo coletivo de transformação, a Pombagira **não atua isoladamente**. Ela é uma **guia espiritual que eleva o coletivo**, especialmente as mulheres que precisam reencontrar sua voz e sua força interior. Pombagira cura, liberta e **empodera**. Ela ensina que o poder de cada mulher sobre a própria vida é inegociável, e que a liberdade de escolha deve ser protegida a qualquer custo.

Além disso, Pombagira é uma **agente de justiça social**. Ao proteger e incentivar o livre-arbítrio, ela se posiciona contra as **estruturas patriarcais** que oprimem as mulheres e tentam restringir seu poder de escolha. Pombagira ensina que o direito à liberdade emocional e relacional deve ser defendido, e que a cura vem, muitas vezes, pela **reconquista dessa autonomia**. Ela não espera mudanças, ela as provoca.

Djamila Ribeiro defende que a luta das mulheres pela liberdade de escolha está intrinsecamente conectada à luta contra o **patriarcado e a misoginia estrutural**. O trabalho espiritual de Pombagira se reflete nessa luta, garantindo que cada mulher tenha o direito de ser dona de sua história, guiada por suas próprias escolhas, sem se curvar às expectativas sociais ou familiares. Ao invocar Pombagira, estamos reivindicando o direito de viver de acordo com nossa verdade, reconhecendo que essa liberdade é uma parte fundamental de nossa dignidade espiritual.

Pombagira não é apenas uma guardiã; é uma **transformadora**. Seu trabalho espiritual envolve **curar corações feridos, libertar almas aprisionadas** e iluminar os caminhos para aqueles que buscam reencontrar seu poder pessoal. Cada vez que ela intercede, devolve aos seus protegidos a capacidade de escolher, agir com coragem e **renascer**, sempre com o livre-arbítrio como princípio norteador.

## POMBAGIRA COMO GUARDIÃ DAS SILENCIADAS E PERSEGUIDAS

A **Pombagira** é a guardiã das **mulheres que foram silenciadas, oprimidas e marginalizadas** ao longo dos séculos. Em uma sociedade historicamente patriarcal, em que a autonomia feminina foi suprimida, Pombagira emerge como uma **força ancestral de libertação**. Ela representa a voz daquelas que foram caladas, perseguidas e punidas por exercerem **autonomia, sexualidade**

**e poder espiritual**. Pombagira atua como um **escudo espiritual**, não apenas para proteger, mas também para devolver às mulheres o **direito de serem protagonistas de suas próprias histórias**.

A **relação entre a Pombagira e o feminino silenciado** é direta e poderosa. Ao longo da história, mulheres que manifestaram seu poder espiritual e intelectual foram classificadas como perigosas. Feiticeiras, curandeiras e aquelas que ousaram desafiar as normas sociais foram condenadas, marginalizadas ou até mesmo assassinadas. Ao atuar como **guardiã das oprimidas**, Pombagira devolve a essas mulheres a dignidade roubada e abre um espaço de **reconstrução emocional e espiritual**. Ela não somente acolhe as feridas, como também as transforma em **fontes de poder**, mostrando que é possível renascer das próprias dores com mais força.

Pombagira, em sua sabedoria espiritual, oferece às mulheres uma nova forma de **olhar para si mesmas e para o mundo**, livre das imposições e expectativas patriarcais. Para muitas mulheres que procuram sua ajuda nos terreiros, ela representa uma **ruptura radical com o controle social** que define o que podem ou não ser. Ela oferece a coragem necessária para romper com **relações tóxicas**, estruturas opressivas e padrões internalizados de submissão. Ao se conectarem com Pombagira, essas mulheres encontram proteção e força para **reconstruírem suas vidas a partir de suas próprias escolhas**.

A atuação de Pombagira como **guardiã das silenciadas** vai além de uma simples proteção espiritual. Ela provoca uma **transformação interna**, uma revolução emocional que leva as mulheres a enfrentarem os sistemas que as marginalizaram. Ela incentiva que as mulheres sejam **donas de suas vozes** e **resistam à submissão**. Sua presença não é passiva; ela **incita à ação**, desafia suas protegidas a recuperarem seu espaço no mundo, rompendo com opressões, sejam familiares, sejam sociais ou profissionais.

As mulheres que buscam Pombagira estão, muitas vezes, em momentos de **crise emocional ou espiritual**. Elas foram silenciadas, negligenciadas ou oprimidas, e Pombagira oferece um **espaço de acolhimento e resistência**. Ela consola e também empodera, garantindo que essas mulheres possam **resgatar sua autonomia**. Sua atuação é uma resposta espiritual direta ao patriarcado e à misoginia, o que a conecta profundamente com o **feminismo contemporâneo**.

O trabalho de Djamila Ribeiro sobre a libertação das mulheres negras, e sua luta contra as estruturas racistas e patriarcais, ecoa com a presença de Pombagira, que luta por justiça espiritual e emocional para aquelas que foram esquecidas pela sociedade.

**Pombagira também provoca uma reflexão coletiva sobre o papel das mulheres na sociedade atual**. Ao restituir a autonomia espiritual e emocional de suas protegidas, ela questiona as narrativas que relegam as mulheres a papéis subservientes e dependentes. Sua atuação é um chamado à **ação feminista**, mostrando que, para honrar o poder feminino, é necessário **romper com a passividade** e lutar por dignidade e justiça. Ao buscarem Pombagira, as mulheres não estão somente pedindo proteção, estão se conectando com uma força que as **desperta para a ação transformadora**.

Assim como defende bell hooks, o empoderamento feminino deve ser um processo coletivo de transformação que vai além das vitórias individuais. Pombagira simboliza essa ideia ao elevar as mulheres em suas lutas pessoais e coletivas. Cada vez que uma mulher se reconecta com sua força através da atuação de Pombagira, ela está dando um passo em direção à

**quebra das amarras sociais** que limitam sua liberdade. Pombagira, portanto, é não só uma guardiã, mas também uma **aliada espiritual que incita a libertação** e inspira uma revolução emocional e espiritual.

Como observa Ana Mametto, Pombagira é a entidade que resgata as mulheres que foram empurradas para os limites da sociedade, oferecendo-lhes, além de redenção, também **poder e justiça**. Não há submissão em sua presença. Pombagira propõe que suas protegidas ocupem o espaço que lhes foi negado e **reescrevam suas próprias histórias**, rompendo com os ciclos de opressão e violência. Ela é a **protetora das oprimidas**, mas também a **inspiração para a transformação**, garantindo que nenhuma mulher seja reduzida ao silêncio ou à invisibilidade.

## SIMBOLISMOS

Seus símbolos, como rosas vermelhas, perfumes, pentes e champanhe, não são tão somente elementos materiais, mas representações espirituais da força feminina, da regeneração e da **capacidade de romper com ciclos destrutivos**. Cada um desses itens carrega um significado profundo e atua diretamente no campo emocional, ajudando a **libertar o consulente de amarras emocionais e espirituais.**

- ### ROSAS E PERFUMES

As **rosas vermelhas** são, sem dúvida, o símbolo mais conhecido de Pombagira. Elas representam a **beleza e a paixão**, mas, mais do que isso, simbolizam a **resiliência e a força feminina.** Assim como a rosa desabrocha mesmo diante das adversidades, Pombagira ensina suas filhas a **florescerem em meio aos desafios da vida.** Os perfumes, com seu poder de purificação, são usados para **limpar e equilibrar o campo energético**, trazendo renovação emocional. Ambos os símbolos trabalham juntos para trazer **sedução e encantamento**, assim como **cura profunda e restabelecimento da autoestima.**

- ### VELAS E BEBIDAS

As **velas vermelhas** conectam-se ao **poder de transmutação emocional** de Pombagira. Elas são usadas nos rituais para abrir caminhos e iluminar as trevas, ajudando a dissolver bloqueios emocionais que impedem o consulente de avançar. A **champanhe**, frequentemente oferecida em celebração, simboliza a **alegria e a vitória** conquistadas após os desafios. Essas oferendas são uma maneira de **agradecer e honrar** o auxílio de Pombagira, reconhecendo sua intervenção tanto nos casos de amor como em processos de cura e renovação espiritual.

## DIFERENÇAS ENTRE POMBAGIRA E EXU

Apesar de ambos, **Pombagira** e **Exu**, operarem nas **encruzilhadas da vida** e compartilharem a missão de proteger o **livre-arbítrio**, suas atuações são bastante distintas, especialmente em termos de foco e impacto espiritual. Embora suas energias se complementem nos terreiros de umbanda, cada entidade tem uma função própria que reflete seus domínios específicos no plano material e no emocional.

## CAMPO DE ATUAÇÃO

**Exu**, em sua essência, está mais diretamente ligado ao **campo das decisões práticas** e ao **movimento energético** que atua sobre questões materiais e objetivas da vida dos consulentes. Ele facilita o desbloqueio de caminhos e a proteção contra energias negativas externas, sendo frequentemente chamado para interceder em momentos que requerem **força, clareza e objetividade**. Quando Exu abre caminhos, está abrindo portas para oportunidades no campo **profissional, financeiro ou pessoal**, permitindo que seus protegidos possam agir livremente e de maneira assertiva.

Por outro lado, **Pombagira** trabalha em um **campo mais subjetivo**, focando principalmente as **questões emocionais, amorosas e de autoconfiança**. Seu papel é de **cura emocional e equilíbrio**. Enquanto Exu atua na resolução de obstáculos visíveis e concretos, Pombagira age nos conflitos internos e nas barreiras emocionais que impedem o desenvolvimento saudável de seus protegidos. Ela é conhecida por ajudar suas protegidas a **romperem com padrões destrutivos** em suas vidas afetivas, restabelecendo sua capacidade de amar e serem amadas de maneira saudável e autêntica.

## DIFERENÇAS NA ATUAÇÃO ESPIRITUAL

A atuação de Exu, muitas vezes, envolve **ações diretas e rápidas**, refletindo sua energia de resolução prática. Ele é frequentemente chamado para **proteção espiritual**, para remover demandas negativas e influências externas que possam estar bloqueando o progresso material e espiritual de seus filhos de fé. Exu age como o **guia das encruzilhadas**, ajudando o consulente a **escolher e seguir o melhor caminho**, geralmente ligado a questões mais imediatas e palpáveis da vida cotidiana.

Já **Pombagira**, em sua atuação, mergulha nas **profundezas emocionais**. Ela oferece a suas filhas e filhos a oportunidade de **reconstruir suas vidas** a partir da cura emocional e do **resgate da autoestima**. Seu trabalho envolve a **libertação de traumas**, especialmente aqueles ligados a **relações afetivas opressoras** e a situações em que o poder pessoal foi enfraquecido. Pombagira é aquela que ajuda a **romper as amarras**

**emocionais** que muitas vezes impedem seus protegidos de se realizarem plenamente em suas vidas.

## ATUAÇÃO CONJUNTA

Apesar de suas diferenças, **Exu e Pombagira** frequentemente trabalham juntos nos terreiros, formando uma dupla de atuação espiritual muito poderosa. Enquanto Exu **abre os caminhos e protege** os consulentes das influências externas, Pombagira **cuida do equilíbrio interno e emocional**, garantindo que os traumas sejam superados e que seus protegidos possam trilhar novos caminhos com confiança e autossuficiência. Essa complementaridade reflete a profundidade da umbanda, que vê no trabalho dessas entidades um equilíbrio entre **ação e cura, força e sensibilidade**, permitindo que os consulentes recebam assistência completa, tanto no **plano físico quanto no emocional**.

## FALANGES MAIS COMUNS E CARACTERÍSTICAS

Na **linha das Pombagiras**, encontramos uma variedade de falanges, cada uma com características próprias e campos de atuação específicos. Essa diversidade reflete os diferentes aspectos da vivência feminina, abordando desde o empoderamento e a cura emocional até a justiça e a proteção espiritual.

- **MARIA PADILHA:** é uma das figuras mais conhecidas e reverenciadas. Associada à sabedoria, à força emocional e a questões amorosas, Maria Padilha ajuda mulheres a **recuperarem a dignidade e o equilíbrio** em situações de conflito amoroso ou emocional. Ela é vista como uma entidade que traz clareza e assertividade, especialmente nas questões de poder pessoal e justiça emocional.

- **SETE SAIAS:** destaca-se por sua capacidade de **transitar entre dimensões espirituais**, representada por suas sete saias, cada uma simbolizando um nível de poder e sabedoria. Atuando no campo da sensualidade e da transformação emocional, ela auxilia os consulentes a encontrarem equilíbrio entre seus desejos e suas responsabilidades espirituais.

- **POMBAGIRA RAINHA:** é uma entidade que representa **majestade e dignidade**. Frequentemente chamada em casos que envolvem traição ou desonra, ela trabalha pela **restauração da justiça emocional** e pelo resgate da honra de suas protegidas. Sua presença é imponente, trazendo uma energia de respeito e autoridade nos casos de injustiça nas relações afetivas.

- **POMBAGIRA CIGANA:** reflete a energia da **liberdade emocional e da renovação**. Inspirada pelo espírito nômade, essa entidade ajuda aqueles que estão buscando novos começos, rompendo com padrões de estagnação e incentivando a busca por novas oportunidades de vida. Sua atuação é especialmente eficaz para consulentes que precisam de coragem para seguir em frente e mudar suas trajetórias.

- **MARIA MOLAMBO:** trabalha com a **cura emocional e a superação de rejeições**. Ela é procurada por aqueles que se sentem marginalizados ou desprezados, ajudando-os a **recuperarem a autoestima e transformarem traumas**.

Maria Molambo é uma figura de acolhimento, que atua principalmente nas feridas emocionais causadas por relações tóxicas.

- **POMBAGIRA DAS ALMAS:** tem uma conexão especial com o **trabalho de cura espiritual em processos de luto e perda**. Sua atuação é frequentemente associada ao auxílio de espíritos desencarnados e à transição espiritual. Pombagira das Almas é reverenciada por seu papel em ajudar a **curar a dor da perda e facilitar a conexão com o plano espiritual**.

- **POMBAGIRA MENINA:** tem uma **energia leve e renovadora**. Ligada à proteção de jovens, ela atua na proteção espiritual de adolescentes, trazendo alegria e renovação para aqueles que estão enfrentando situações de estagnação emocional. Sua presença é cheia de vitalidade e leveza.

- **MARIA QUITÉRIA:** é uma entidade conhecida por sua **defesa da liberdade e da justiça**. Ela atua em situações de luta por direitos e emancipação pessoal, sendo uma protetora de causas que envolvem a **liberdade individual e a recuperação da autonomia**.

- **POMBAGIRA DA PRAIA:** é associada à **limpeza espiritual e à renovação energética**. Frequentemente reverenciada à beira-mar, sua atuação se concentra em processos de purificação, ajudando seus consulentes a se libertarem de energias negativas e a renovarem suas forças espirituais.

- **POMBAGIRA DAMA DA NOITE:** é uma figura misteriosa, conhecida por **revelar segredos e trabalhar com os mistérios da noite**. Ela ajuda seus protegidos a lidarem com o que está oculto, trazendo à tona verdades e segredos que precisam ser enfrentados para promover a cura emocional e a tomada de decisões mais claras.

- **POMBAGIRA ROSA CAVEIRA:** atua no campo da **justiça e da resolução de conflitos complexos**. Frequentemente chamada para lidar com situações nas quais há injustiça ou traição,

Rosa Caveira traz uma energia poderosa de resolução e equilíbrio, garantindo que as feridas emocionais sejam tratadas de forma justa.

- **POMBAGIRA MARIA FARRAPO:** é conhecida por seu trabalho com **aqueles que sofrem de abandono emocional e pobreza**. Sua atuação é voltada para a recuperação da dignidade e a superação de traumas ligados à marginalização e exclusão social, ajudando a restaurar o valor pessoal e a força espiritual.

- **POMBAGIRA MENINA DA RUA:** oferece **proteção espiritual a jovens e crianças vulneráveis**, resgatando a inocência e protegendo contra influências negativas. Ela atua como guardiã daqueles que estão expostos a situações de risco, garantindo segurança e orientação espiritual.

## POMBAGIRA, GUARDIÃ DAS ALMAS LIVRES

Em cada gargalhada, andar firme e palavra sábia, **Pombagira** revela a essência do que é ser **livre**. Não é uma liberdade fácil, tampouco romantizada. É a liberdade conquistada pelas que ousaram dizer "não" aos papéis que a sociedade tentou impor. Pombagira, em sua jornada, nos mostra que cada mulher carrega dentro de si uma **guerreira silenciosa**, aquela que enfrenta as sombras do passado, os traumas que aprisionam e as expectativas que sufocam. Mas, ao final, ela nos revela que **essas sombras** não são o fim, mas sim a matéria-prima da qual brota a **força**.

Imagine uma estrada escura, coberta de neblina. Ao longe, Pombagira surge, com uma vela nas mãos, abrindo caminho entre os mistérios e os medos que nós, muitas vezes, hesitamos em enfrentar. Ela não elimina o caminho difícil, mas caminha ao lado, incentivando seus filhos e suas filhas a **reclamarem sua coragem**. A encruzilhada, esse lugar simbólico de tantas escolhas, torna-se o altar de decisões transformadoras. Pombagira ensina que não existe transformação sem dor, mas que, através dela, o **renascimento** é sempre possível.

Para aqueles que a invocam, não há respostas fáceis, mas sempre há um convite para **despertar**. Em suas palavras e atitudes, ela provoca um **despertar profundo** nas almas que ainda buscam aceitação e amor-próprio. Cada ritual, cada oferenda, é uma dança espiritual entre a fragilidade humana e o poder da superação. A vida é uma sequência de encruzilhadas, e Pombagira, com seu sorriso de quem conhece os segredos do destino, ensina que a verdadeira **vitória** está em escolher o próprio caminho – não o mais fácil, mas o mais verdadeiro.

Na rua, no silêncio da noite, ou nos cantos abafados da mente, **Pombagira sussurra histórias de resistência**. Cada mulher que se conecta com sua energia revive memórias de outras que vieram antes – mulheres que não se deixaram ser apagadas. Como guardiã da liberdade, ela desafia cada um de nós a **não aceitar menos do que merecemos**, seja em amor, seja em dignidade. O caminho dela é o da autonomia, da ousadia de ser autêntico, mesmo quando isso significa enfrentar o preconceito e o medo.

Enquanto muitos veem a encruzilhada como um lugar de incerteza, Pombagira a vê como o **lugar da escolha verdadeira**, onde cada alma tem a chance de **escrever sua própria história**. Não há submissão em seu caminhar, não há hesitação em suas ações. Com ela, cada mulher que se levanta após a queda carrega um pouco dessa sabedoria antiga, um pouco dessa certeza de que, para viver plenamente, é preciso aceitar a própria história, com todas as suas feridas e todas as suas vitórias.

E, ao final, **Pombagira** nos deixa com uma lição: não é o fim da estrada que define quem somos, mas **as escolhas que fazemos ao longo do caminho**. Cada cruzamento é uma oportunidade de **renascer mais forte**, e sua mão estendida é sempre um lembrete de que, apesar das tempestades, **temos o poder de seguir adiante**, com a cabeça erguida e o coração firme.

LAROIÊ POMBAGIRA,
POMBAGIRA MO JUBÁ!

# CAPÍTULO 30

# LINHA DE EXU MIRIM E POMBAGIRA MIRIM

**O TERMO EXU MIRIM** é, por si só, uma combinação que já carrega profundas questões culturais e espirituais. Ao unir **"Exu"**, palavra de origem iorubá, com **"Mirim"**, termo tupi-guarani, a umbanda faz mais do que uma fusão de palavras: cria uma entidade que representa o sincretismo da própria religião. **Exu**, na tradição iorubá, é a divindade das encruzilhadas, do movimento e da comunicação entre o mundo espiritual e o mundo material. Já **Mirim**, do tupi-guarani, significa "pequeno" e na umbanda é utilizado para representar a **agilidade e a leveza** com que essas entidades operam.

Essa fusão revela a **brasilidade da umbanda**, que une elementos culturais africanos e indígenas para formar uma espiritualidade nova e única. **Exu Mirim**, portanto, não é uma entidade infantil ou diminuta em poder, mas, sim, um símbolo da capacidade de atuar em **campos energéticos mais rápidos e sutis**, resolvendo questões complicadas com leveza e inteligência espiritual.

É importante destacar que a figura de Exu Mirim **não existe na cosmovisão iorubá ou bantu**; trata-se de uma construção genuinamente umbandista. Em vez de ser visto como um espírito infantil, Exu Mirim atua de forma rápida, ágil e travessa, refletindo um arquétipo de **astúcia e adaptação**. O comportamento "travesso" que muitas vezes lhe é atribuído não deve ser entendido como falta de seriedade, mas como um jeito de lidar com energias densas de maneira **direta e eficiente**.

Essa criação da umbanda reflete uma das suas características mais marcantes: a **flexibilidade cultural**. Assim como Exu Mirim, a religião se adapta, incorpora e transforma símbolos e arquétipos de diferentes tradições para **responder às necessidades de seus praticantes**. Ao combinar o poder transformador de Exu com a leveza e o dinamismo de Mirim, a umbanda constrói uma figura que sintetiza o espírito brasileiro de improviso e resolução rápida de problemas.

## O MITO DO DELINQUENTE

A interpretação de **Exu Mirim** como um espírito caótico e de uma criança delinquente é uma distorção que surgiu ao longo da história, promovida por preconceitos e incompreensões acerca da sua verdadeira função espiritual. Essa visão errônea reflete uma tentativa de infantilizar e demonizar essa entidade da **linha da Esquerda** na umbanda, associando seu comportamento travesso a desordem e rebeldia sem propósito. No entanto, essa abordagem superficial não faz jus ao **papel profundo e complexo** que Exu Mirim desempenha na espiritualidade.

A confusão surge, muitas vezes, quando Exu Mirim é comparado aos **Erês**, da linha das Crianças, que são espíritos infantis ligados à inocência e pureza. No entanto, Exu Mirim **não é uma criança**, e sua travessura não deve ser interpretada como desobediência ou caos. Ele é uma **entidade encantada**, que utiliza uma abordagem irreverente e brincalhona para **descomplicar situações espirituais densas e resolver conflitos** de forma rápida e eficiente. Sua capacidade de lidar com as energias mais densas sem se deixar afetar pela carga emocional desses conflitos faz dele uma força essencial para a restauração do equilíbrio espiritual.

Longe de ser um espírito infantil que causa confusões, **Exu Mirim atua com astúcia** e resolve situações de forma direta, sem a complexidade emocional que outras entidades da umbanda podem empregar. Sua atuação lúdica e travessa não deve ser vista como desrespeito, e sim como uma ferramenta espiritual. Ele desarma as tensões espirituais e emocionais, **rompendo padrões de energia estagnada**, e o faz de maneira que as pessoas possam enfrentar seus problemas sem se sentirem sobrecarregadas.

Essa ideia errada de que Exu Mirim seria um espírito descontrolado está também ligada à **demonização histórica** das entidades da linha da Esquerda, fenômeno profundamente influenciado pela hegemonia cristã durante o período colonial. O comportamento "confuso" de Exu Mirim foi, assim, mal compreendido como um reflexo de delinquência, e não como a **resolução prática e eficaz de problemas espirituais**.

Ao redefinir o entendimento de **Exu Mirim**, é fundamental reconhecer seu papel como uma entidade de **transformação e mediação**. Ele atua como um facilitador, organizando e purificando o campo energético dos consulentes com rapidez e eficiência. Suas ações são voltadas para desatar nós espirituais e lidar com questões densas que exigem uma intervenção ágil e precisa, mas sempre dentro de um propósito espiritual maior. Exu Mirim não é uma força caótica; é uma entidade que, mesmo em sua travessura, **trabalha para o bem e o equilíbrio**.

Ao desfazermos o mito do delinquente e enxergarmos Exu Mirim em sua verdadeira luz, compreendemos que sua natureza travessa é, na realidade, uma estratégia espiritual. Ele lida com as energias densas que causam desequilíbrio na vida dos consulentes de forma leve, mas potente. O modo como ele atua quebra a rigidez das abordagens mais tradicionais, oferecendo uma solução que liberta os consulentes das cargas espirituais de maneira menos emocionalmente sobrecarregada, **trazendo cura e transformação** através de sua astúcia e leveza.

## EXU MIRIM E POMBAGIRA MIRIM, ENTIDADES NÃO HUMANAS

Quando falamos de **Exu Mirim** e **Pombagira Mirim** como **seres encantados**, estamos nos referindo a entidades que não compartilham da mesma origem dos **espíritos humanos desencarnados**. Diferentemente de espíritos que passaram por ciclos de encarnação e desencarnação, esses seres encantados pertencem a uma dimensão espiritual própria, onde suas funções e naturezas são diretamente ligadas a uma energia primordial. **Não são humanos, nem foram humanos em vida** – são energias espirituais que desempenham papéis específicos na umbanda, com características distintas de seres humanos desencarnados ou de espíritos ancestrais como os Pretos-Velhos ou Caboclos.

Esses seres **não fazem parte do ciclo reencarnatório** nem têm uma ligação direta com experiências humanas de vida e morte. Em vez disso, **Exu Mirim e Pombagira Mirim** são forças espirituais que operam de maneira fluida entre dimensões, atuando como **mediadores de energias densas** e resolvendo questões espirituais de forma rápida e eficiente. Isso lhes confere uma liberdade energética que os torna capazes de acessar e manipular áreas que entidades espirituais humanas podem não alcançar com a mesma facilidade.

A manifestação desses seres encantados na umbanda, com suas características travessas e irreverentes, é uma **estratégia espiritual**. A irreverência de Exu Mirim e Pombagira Mirim é parte do seu **modo de atuar**. Ao contrário de entidades que precisam de rituais prolongados ou de um envolvimento emocional profundo, esses seres encantados utilizam a leveza e a brincadeira como ferramentas espirituais para remover **bloqueios energéticos** e restabelecer o fluxo espiritual. Essa abordagem é única e reflete sua natureza de **seres não humanos** e encantados, sem as limitações que o envolvimento emocional humano impõe.

Em várias tradições espirituais e mitológicas ao redor do mundo, encontramos seres de natureza semelhante, como os **espíritos travessos** da tradição celta ou os **seres pequenos e mágicos** em culturas africanas e indígenas. No caso de **Exu Mirim e Pombagira Mirim**, a analogia pode ser feita com seres espirituais ligados ao mistério e à travessura, mas sempre com um propósito: o de **reordenar o caos** e devolver ao consulente a harmonia perdida.

Ao contrário da visão tradicional de que essas entidades seriam espíritos infantis, a verdade é que **Exu Mirim e Pombagira Mirim** atuam como **forças**

**arquetípicas de transformação**. Não são "opostos" dos Erês, nem são entidades inexperientes. São **agentes de transição energética** que funcionam como mediadores entre diferentes planos de existência, com um poder particular de atuar rapidamente onde outros espíritos necessitariam de tempo ou abordagens mais delicadas.

Sua travessura e brincadeira são, portanto, **expressões da capacidade única de movimentar e reorganizar energias**, removendo barreiras com a simplicidade que caracteriza sua natureza encantada. São **forças ágeis** e inteligentes, que muitas vezes agem onde outros não podem ou não conseguem, representando, na estrutura espiritual da umbanda, um papel fundamental para a manutenção do equilíbrio energético e emocional dos consulentes.

## O ARQUÉTIPO DA ASTÚCIA E DO DESCOMPLICADOR

Exu Mirim e Pombagira Mirim são exemplos claros do **arquétipo da astúcia** na umbanda, atuando de forma direta e eficiente. Essas entidades têm a habilidade de **descomplicar** o que parece ser insolúvel, usando a astúcia como principal ferramenta de ação.

Enquanto outras entidades podem atuar com mais profundidade emocional, Exu Mirim e Pombagira Mirim preferem um caminho mais pragmático, cortando bloqueios de forma prática. Suas intervenções são marcadas por uma abordagem menos formal, desarmando a resistência emocional do consulente e rompendo padrões energéticos estagnados. Eles não se preocupam com longos processos, mas com o **resultado imediato** – uma restauração rápida do equilíbrio.

A travessura de Exu Mirim é, na verdade, uma manifestação de sua **capacidade de adaptação**. Quando uma situação espiritual se encontra em desequilíbrio, ele não perde tempo com formalidades, mas age com precisão para desatar os nós que impedem o fluxo de energia. Seu comportamento brincalhão, em vez de desviar do propósito, é uma ferramenta que lhe permite **neutralizar resistências** e trazer de volta a ordem com fluidez.

Esse arquétipo da **astúcia e da descomplicação** faz com que Exu Mirim e Pombagira Mirim se destaquem como entidades de resposta rápida, especialmente úteis em momentos de crise ou confusão espiritual. Eles não se envolvem profundamente nos aspectos emocionais do problema; agem com uma leveza que **abre caminhos**, transformando o caos em uma nova oportunidade de equilíbrio e renovação.

## EXU MIRIM COMO PONTE DIMENSIONAL

Exu Mirim e Pombagira Mirim desempenham um papel essencial na umbanda como **pontes entre diferentes dimensões** espirituais. Navegam por múltiplos níveis de existência com rapidez e eficácia. Essas entidades têm a capacidade de **transitar entre mundos**, movendo-se com fluidez e precisão por dimensões densas em que energias pesadas e caóticas podem se acumular, e onde outras entidades podem enfrentar resistência.

São invocados especialmente em momentos de **crises energéticas**, nos quais há uma necessidade urgente de intervenção direta para reorganizar o campo espiritual. Como **seres encantados**, eles têm a habilidade única de acessar dimensões em que energias estagnadas ou bloqueadas residem, **dissolvendo-as rapidamente** para restaurar o fluxo natural. Sua presença é sempre associada à resolução rápida de situações complicadas, pois operam como um **mediador espiritual**, conectando as necessidades do plano material com as soluções oferecidas no plano espiritual.

Além disso, Exu Mirim atua frequentemente como uma espécie de **preparador do terreno** para entidades como Exu e Pombagira. Enquanto estas trabalham de forma mais profunda e complexa, Mirim é capaz de **limpar e estabilizar o campo energético** para que essas outras forças possam atuar de maneira mais eficiente. Essa capacidade faz deles facilitadores indispensáveis nos processos de transformação espiritual, especialmente quando o consulente está em meio a um desequilíbrio que exige uma resposta imediata.

Sua habilidade de operar como uma **ponte dimensional** também permite que ele lide com **problemas energéticos interdimensionais**, ajustando desequilíbrios que afetam simultaneamente o plano espiritual e o plano físico. Além disso, ajuda a reequilibrar a conexão entre os mundos, garantindo que as energias fluam de maneira adequada entre os dois planos. Essa função de ajustamento de frequências espirituais é o que torna Exu Mirim e Pombagira Mirim **entidades de transição e transformação**, essenciais para restaurar a ordem em situações de caos espiritual.

## NÃO SÃO UM AVESSO DOS ERÊS

Uma confusão comum sobre **Exu Mirim e Pombagira Mirim** é a ideia de que eles seriam uma espécie de "oposto" ou "contraponto" aos **Erês**, entidades infantis da linha das Crianças. Embora compartilhem características como o comportamento brincalhão e irreverente, **suas naturezas espirituais e funções são fundamentalmente diferentes**. Exu Mirim e Pombagira Mirim não devem ser confundidos com espíritos infantis; são **seres encantados** que operam com objetivos e estratégias distintos, mais voltados para a resolução de problemas complexos e a descomplicação de energias densas.

Enquanto os **Erês** representam a **pureza e a simplicidade infantil**, focados na leveza e na cura emocional, Exu Mirim e Pombagira Mirim agem com **astúcia** e **inteligência estratégica**. Suas travessuras derivam não de ingenuidade, mas de uma abordagem prática e eficaz para **neutralizar bloqueios energéticos** e dissolver barreiras espirituais. Eles são entidades que enfrentam diretamente as demandas espirituais mais complexas, usando sua irreverência como uma ferramenta para desarmar situações densas e caóticas.

Exu Mirim, ao contrário dos Erês, é chamado para atuar em momentos de **crise ou desordem**, nos quais sua intervenção rápida e precisa é essencial para restaurar o equilíbrio. Sua travessura é uma estratégia para lidar com energias pesadas, permitindo que ele reorganize o campo espiritual de forma leve e eficaz. Os Erês, por outro lado, atuam de maneira mais suave, em processos emocionais e espirituais delicados que envolvem cura e proteção.

Portanto, Exu Mirim e Pombagira Mirim **não são o "avesso" dos Erês**, mas, sim, forças encantadas que utilizam a brincadeira para lidar com situações mais sérias e densas. Ao contrário da inocência pura dos Erês, eles demonstram uma **astúcia madura**, agindo como descomplicadores e reorganizadores de energias. Eles operam com uma **leveza estratégica**, não para entreter, mas para **resolver questões complexas com eficiência**.

## FALANGES MAIS COMUNS

- **EXU MIRIM CAVEIRINHA:** atua principalmente na **limpeza espiritual**, especialmente em demandas ligadas ao plano dos mortos. É invocado para cortar feitiços e demandas negativas, trazendo ordem ao caos espiritual com precisão e eficiência.

- **EXU MIRIM PIMENTINHA:** conhecido por sua **ação rápida e direta**, Pimentinha é invocado em situações que necessitam de urgência, destravando caminhos e ajudando em questões materiais e afetivas.

- **EXU MIRIM FAÍSCA:** relacionado ao elemento fogo, Faísca trabalha com a **purificação energética**, eliminando energias estagnadas e ajudando a restaurar o dinamismo em áreas da vida que estão bloqueadas.

- **EXU MIRIM TRANQUINHA:** tem a função de **travar e destravar caminhos**, tanto espirituais quanto materiais. Protege contra energias negativas e é conhecido por abrir portas em momentos de dificuldade.

- **EXU MIRIM CALUNGUINHA:** trabalha no campo das **transições espirituais**, ajudando a cortar vínculos prejudiciais e facilitando o processo de luto e libertação espiritual. Também atua na proteção contra demandas negativas.

- **EXU MIRIM LODINHO:** associado ao elemento água, Lodinho atua na **purificação emocional**, auxiliando em momentos de turbulência emocional, equilibrando os sentimentos e trazendo clareza para o consulente.

- **EXU MIRIM MALAGUETA:** trabalha com a **harmonização de relações amorosas**, ajudando a equilibrar energias em situações de conflitos e ciúmes. É invocado para trazer paz e estabilidade em relacionamentos afetivos.

- **EXU MIRIM PINGA-FOGO:** entidade conhecida por atuar no campo da **purificação espiritual intensa** e pela capacidade de **trazer clareza** a situações de confusão ou desordem. Seu nome, "Pinga-Fogo", faz referência à sua ligação com o elemento fogo e ao seu estilo: rápido, direto e transformador. Ele é invocado para queimar energias negativas, desmanchar trabalhos de demanda e trazer luz para situações obscuras.

- **POMBAGIRA MIRIM SETE ONDINHAS:** ligada ao elemento água, Sete Ondinhas atua no campo de **emoções e sentimentos**, promovendo a cura de feridas emocionais e ajudando o consulente a superar traumas e dores do coração.

- **POMBAGIRA MIRIM DA PRAIA:** conectada às energias das águas, essa Pombagira trabalha com a **purificação espiritual e emocional**, limpando bloqueios e promovendo renovação no campo afetivo e nas relações.

- **POMBAGIRA MIRIM SETE ROSAS:** trabalha no campo da **autoestima e do amor-próprio**, ajudando o consulente a fortalecer sua confiança e superar situações que envolvem falta de valorização emocional.

- **POMBAGIRA MIRIM DA ENCRUZILHADA:** atua em um dos espaços mais simbólicos e poderosos na espiritualidade da umbanda: as **encruzi-**

**lhadas**. As encruzilhadas representam locais de decisão, transição e abertura de caminhos, e é exatamente nesses pontos de encontro que Pombagira Mirim da Encruzilhada exerce sua força.

- **POMBAGIRA MIRIM TRÊS MARIAS**: entidade conhecida por sua ligação com as **forças femininas e o equilíbrio emocional**. O nome "Três Marias" remete ao conjunto de três estrelas e simboliza o poder de conexão entre o céu e a Terra, representando a atuação dessa entidade em campos que envolvem o **equilíbrio entre mente, corpo e espírito**.

Exu Mirim e Pombagira Mirim são guardiões de um mistério profundo que nos convida a olhar para além do superficial. Suas presenças nos terreiros nos lembram de que a transformação, mesmo quando inesperada ou irreverente, faz parte da vida.

São as forças que descomplicam o caos, trazem respostas onde antes havia confusão e nos desafiam a ver que, na espiritualidade, nem tudo precisa seguir as regras da lógica tradicional.

Mas talvez o mais importante seja que essas entidades nos mostram o valor da **astúcia, da leveza e da rapidez** em momentos em que sentimos o peso do mundo. Elas ensinam que, às vezes, o riso e a brincadeira têm um poder profundo de cura e reordenação. Isso nos provoca a pensar: quantas vezes na vida buscamos soluções complicadas quando a resposta pode estar na simplicidade da travessura? Exu Mirim e Pombagira Mirim nos convidam a **aceitar o inesperado**, a abrir espaço para o que nos desafia a pensar de outra forma – com mais leveza, mais fluidez.

Ao encerrar este capítulo, fica o convite para que você se permita mergulhar ainda mais fundo nos mistérios dessas forças espirituais. Elas guardam segredos que talvez estejam esperando apenas o momento certo para serem revelados. Que essas linhas despertem em você o desejo de ir além, de buscar mais, porque, no final, é isto que Exu Mirim e Pombagira Mirim fazem: **nos convidam a explorar o desconhecido**, sempre com a certeza de que o caminho, mesmo quando parece travesso, nos leva a uma transformação necessária.

## CAMINHOS DA RUA – A PROFUNDIDADE DA ESQUERDA DA UMBANDA

A **Esquerda da Umbanda** é uma encruzilhada de forças, mistérios e histórias. Nela não encontramos espíritos de menor evolução, mas entidades que caminham ao nosso lado em meio às sombras, emaranhadas no caos do cotidiano humano. São aqueles que **seguram nossas mãos** quando os caminhos parecem escuros e as decisões são difíceis. **Exu**, **Pombagira**, **Malandros** e todos os que compõem essa dimensão da espiritualidade não apenas protegem, mas também nos provocam a olhar para o **desconhecido dentro de nós mesmos**, nos desafiando a abraçar nossa própria capacidade de transformação.

Essas entidades não lidam com a superficialidade. Elas descem aos espaços mais profundos do espírito, às encruzilhadas da alma, onde o material, o espiritual e o humano se encontram. A Esquerda é, em sua essência, um campo de atuação que exige **coragem e autenticidade** – tanto dos que a integram quanto dos que nela buscam refúgio e orientação. Os **Cangaceiros**, **Piratas**, **Caboclos Quimbandeiros** e **Pretos-Velhos Quimbandeiros** são símbolos de resistência, figuras que ecoam histórias de luta e superação. Cada um deles carrega a força de povos que, diante da opressão, escolheram não se dobrar, mas se erguer com ainda mais determinação.

**Cangaceiros**, com suas armas invisíveis e sua astúcia, são guerreiros espirituais que nos ensinam que lutar por justiça nunca é em vão. Eles estão conosco nas batalhas internas e externas, nos conflitos do dia a dia, lembrando-nos de que a resistência também é uma forma de fé. Já os **Piratas**, sempre em busca de novos horizontes, revelam que o mar do destino é vasto e imprevisível, mas que em cada tempestade há a promessa de novos começos.

Os **Caboclos Quimbandeiros**, ou **Caboclos Africanos**, trazem a força de suas raízes ancestrais. Eles atuam com um poder bruto, sem os filtros que a colonização impôs sobre tantas outras entidades. Aqui o sincretismo cede espaço à força pura da quimbanda africana, sem a suavidade ou a mansidão dos Caboclos da direita. Eles são **espíritos de luta**, guardiões de mistérios ancestrais, que conhecem o peso de proteger seus descendentes em terras longínquas.

Os **Pretos-Velhos Quimbandeiros**, por sua vez, nos lembram de que nem todo saber se reveste de paciência e serenidade. Há sabedoria na força bruta, no corte certeiro, na energia ritualística que corta demandas pesadas e desmancha as correntes invisíveis que nos aprisionam. Esses Pretos-Velhos não carregam as marcas do sincretismo católico, mas sim a **essência africana pura**, lutando pelo equilíbrio espiritual com a mesma intensidade com que lutaram pela liberdade em vida.

Ao final deste bloco, fica claro que a Esquerda da Umbanda não é uma expressão de caos ou desordem, mas sim uma **força de equilíbrio**. Ela atua nas fronteiras entre o visível e o invisível, nas sombras que tantas vezes evitamos olhar. Essas entidades nos convidam a mergulhar em nossas próprias profundezas, a enfrentar o caos com confiança, sabendo que elas estarão ao nosso lado, guiando, protegendo e abrindo caminhos onde antes havia bloqueios.

Para quem se permite olhar de perto, a Esquerda nos revela que o **caos é apenas uma camada superficial**. Por trás dele, há ordem, justiça e um caminho de evolução que só pode ser trilhado com coragem. As encruzilhadas da vida não são destinos finais, mas portais de transformação. Que possamos sempre lembrar que, no coração da umbanda, há espaço para todas as lutas e jornadas, e que **a Esquerda** estará sempre lá, **guardiã dos mistérios, das lutas e das transformações**.

Se este capítulo despertou sua curiosidade, saiba que há muito mais a ser explorado. No meu curso "Teologia de umbanda", conduzo os alunos a camadas de mais aprofundamento prático sobre essas linhas e suas muitas falanges.

# EPÍLOGO

**ESTE LIVRO TERMINA**, mas a jornada da umbanda, assim como sua prática espiritual, está sempre em movimento. A umbanda é viva, dinâmica e se adapta às realidades e culturas que a acolhem. Desde suas raízes até os dias atuais, ela tem absorvido diferentes espiritualidades locais, respondendo às necessidades e transformações de cada época. É essa capacidade de renovação que a mantém forte, relevante e profundamente conectada com aqueles que a praticam.

Ao longo destas páginas, procuramos iluminar os mistérios de diversas entidades e linhas espirituais que atuam de maneira visível e marcante nos terreiros. Contudo, a umbanda guarda muitos outros segredos, e é provável que, mesmo neste exato momento, novas forças estejam se manifestando discretamente, aguardando o tempo certo para serem compreendidas e reconhecidas. Daqui a alguns anos, talvez muito mais possa ser dito sobre esses grupos espirituais que, hoje, se revelam de forma sutil, quase silenciosa. A espiritualidade é um rio que nunca para de correr, trazendo novas águas e renovadas correntes de sabedoria.

Porém, no meio dessa abertura ao novo, há um alerta que precisa ser feito. O dinamismo da umbanda não significa que qualquer manifestação seja autêntica ou válida. Em nossa busca por evolução espiritual, é essencial não confundirmos grupos espirituais verdadeiramente fundamentados, enraizados na ancestralidade e no propósito de cura e orientação, com criações desprovidas de base, frutos de imaginação, militância pessoal ou, em alguns casos, desvios perigosos. Em nossa caminhada espiritual, eventualmente ouvimos falar de práticas que não honram a ética e que desviam a umbanda de seu papel ancestral de acolhimento, proteção e evolução.

O caminho seguro sempre será o do bom senso, da ética e do estudo. A espiritualidade verdadeira não se faz na pressa, na fantasia ou no desejo de poder, mas sim no respeito e no comprometimento com o que as entidades e os ancestrais nos ensinam. Ao seguir o chamado da mediunidade, lembre-se de que a umbanda, apesar de sua flexibilidade, exige responsabilidade, profundidade e uma busca constante por equilíbrio. Cada entidade que se manifesta o faz com propósito e sabedoria, e é nossa responsabilidade, como médiuns e praticantes, nos sintonizarmos com essa verdade.

Mantenha sua mente aberta ao que ainda pode ser revelado, mas nunca perca de vista os pilares que sustentam a umbanda: o amor, a justiça, a humildade e o respeito à ancestralidade. É esse alicerce que nos protege de desvirtuamentos e nos mantém conectados com o sagrado, com as forças que verdadeiramente guiam nossa evolução espiritual.

Que os ensinamentos aqui compartilhados sirvam como uma base sólida para sua caminhada, e que as entidades da umbanda continuem iluminando seu caminho com discernimento e proteção. Que este livro seja um ponto de partida para novos aprendizados, mas que você sempre se recorde de que o caminho espiritual, para ser verdadeiro, precisa estar firmemente ancorado na ética e no propósito.

Se você deseja aprofundar ainda mais seu conhecimento sobre umbanda, espiritualidade e mediunidade, convido-o a explorar os cursos disponíveis na plataforma WWW.UMBANDAEAD.COM.BR. Lá você encontrará um espaço seguro e completo para aprender com profundidade e confiança, sempre embasado nos princípios éticos que guiam nossa religião. Cada curso é cuidadosamente elaborado para oferecer a você as ferramentas necessárias para trilhar sua jornada mediúnica com clareza, respeito e compromisso, alinhando saberes tradicionais com uma visão contemporânea da espiritualidade. É uma oportunidade de crescimento, guiado pela sabedoria de quem vive a umbanda em sua essência.

Gratidão por me acompanhar até aqui, e até breve encontro!

SARAVÁ, AXÉ, MO JUBÁ!

**PAI RODRIGO QUEIROZ**

**Me siga no instagram:**

@profrodrigoqueiroz | @umbanda_ead

# REFERÊNCIAS BIBLIOGRÁFICAS:


**BASTIDE, Roger.** *As religiões africanas no Brasil.* São Paulo: Companhia das Letras, 1989.

**BISPO, Nêgo.** *Colonialismo, território e quilombos: Diálogos sobre resistência e luta.* Rio de Janeiro: Pallas, 2018.

**BRAGA, Lourenço.** *Umbanda e Quimbanda: Magia Branca e Magia Negra.* 1967.

**CUMINO, Alexandre.** História da Umbanda. Ed. Madras, 2022.

**CUMINO, Alexandre.** Exu não é o Diabo. Ed. Madras, 2020.

**CUNHA, Welthon Rodrigues.** *A linha do Oriente na Umbanda: Função e construção simbólica religiosa.* Dissertação (Mestrado). Universidade Católica de Goiás, 2004.

**GONÇALVES DA SILVA, Vagner.** *Exu: O Deus Afro-Atlântico.* São Paulo: Edusp, 2022.

**GONÇALVES DA SILVA, Vagner.** *Entre a cruz e a encruzilhada: Formação do campo umbandista em São Paulo.* São Paulo: Edusp, 1996.

**HOOKS, Bell.** *O feminismo é para todo mundo: Políticas arrebatadoras.* Rio de Janeiro: Rosa dos Tempos, 2018.

**JECUPÉ, Kaká Werá.** *A terra dos mil povos: História indígena do Brasil contada por um índio.* São Paulo: Peirópolis, 2020.

**KOPENAWA, Davi; ALBERT, Bruce.** *A queda do céu: Palavras de um xamã Yanomami.* São Paulo: Companhia das Letras, 2010.

**KRENAK, Ailton.** *Ideias para adiar o fim do mundo.* São Paulo: Companhia das Letras, 2019.

**KRENAK, Ailton.** *Futuro ancestral.* São Paulo: Companhia das Letras, 2022.

**MAMETTO, Ana.** *Pombagira: A entidade silenciada.* São Paulo: Madras Editora, 2024.

**MACEDO, Alice Costa; BAIRRÃO, José Francisco Miguel Henriques.** *Estrela que vem do Norte: Os baianos na Umbanda de São Paulo.* Dissertação (Mestrado). Revista Paidéia, 2011.

**RIBEIRO, Djamila.** *O que é lugar de fala?* São Paulo: Letramento, 2017.

**RIBEIRO, Djamila.** *Pequeno manual antirracista.* São Paulo: Companhia das Letras, 2019.

**RUFINO, Luiz.** *Pedagogia das encruzilhadas.* Rio de Janeiro: Mórula, 2019.

**SANTANA, Tigana.** *O livro africano sem título: Cosmologia dos Bantu Congo.* Salvador: Cobogó, 2024.

**SARACENI, Rubens.** *Os arquétipos da Umbanda.* São Paulo: Madras Editora, 2007.

**SARACENI, Rubens.** *Rituais de Umbanda.* São Paulo: Madras Editora, 2007.

**SIMAS, Luiz Antônio.** *O corpo encantado das ruas.* Rio de Janeiro: Mórula Editorial, 2019.

**SIMAS, Luiz Antônio.** *Umbandas: Uma história do Brasil.* Rio de Janeiro: Mórula Editorial, 2021.

**SIMAS, Luiz Antônio; RUFINO, Luiz.** *Fogo no mato.* Rio de Janeiro: Mórula, 2018.

**SODRÉ, Muniz.** *Exu inventa o seu tempo: Poder, desejo e cotidiano nas culturas afro-brasileiras.* Petrópolis: Vozes, 2017.

**SODRÉ, Muniz.** *Pensar nagô.* Petrópolis: Vozes, 2017.

**SODRÉ, Muniz.** *Fascismo da cor: Uma radiografia do racismo nacional.* Petrópolis: Vozes, 2023.

**VERGER, Pierre.** *Orixás: Deuses iorubás na África e no Novo Mundo.* Salvador: Corrupio, 2002.

**VERONEZI, David.** *Siromba: São Francisco de Assis na Umbanda.* E-book, Umbanda Eu Curto, 2024.

**VIEIRA, Lurdes de Campos.** *A linha do Oriente na Umbanda.* São Paulo: Madras Editora, 2008.

**WINNICOTT, Donald W.** *O brincar e a realidade.* Rio de Janeiro: Imago, 1975.